本丛书得到何东先生独资赞助

This series of books is financially supported exclusively by Mr. Eric Hotung.

20世纪中国文物考古发现与研究丛书

魏晋南北朝考古

罗宗真 / 著

文物出版社

一 东魏、
北齐邺南城
朱明门发掘
现场外景

二 江苏南京
狮子冲宋文帝
陵石麒麟

三　河北磁县湾张村北齐墓凤鸟壁画

四　日本岛根县太原郡古坟出土曹魏三角缘神兽镜

五　江苏南京光华门
吴墓出土青瓷虎子

六　河南安阳北齐范
粹墓出土黄釉胡腾舞
纹扁壶

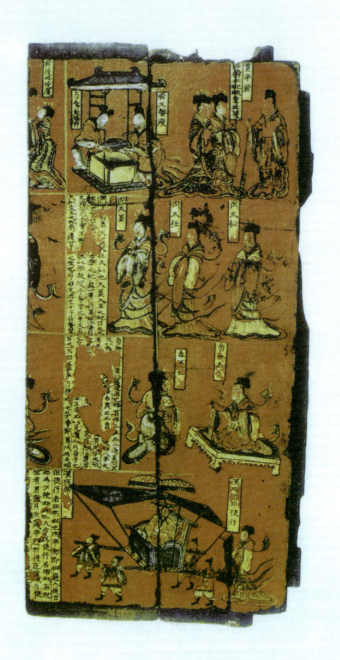

20 世纪中国文物考古发现与研究丛书

序 / 张文彬

　　俗称"锄头考古学"的田野考古学的诞生以及中国考古学学科体系的基本完善，由此而引起的古物鉴玩观赏著录向科学的文物学的转变，是 20 世纪中国学术与文化界的大事。它从材料与方法两个方面彻底刷新了持续了数千年之久的中国古代史学传统，不但为中国学术界和文化界开拓出更加广阔的研究天地，也为一切关心中华民族悠久历史和灿烂文明的人们不断地提供了可贵的精神滋养和力量源泉。

　　仰古、述古、探古，进而考古，向来为我国传统文化中一个明显的学术特点。先秦时期诸子百家发其端，汉代司马迁撰写《史记》，北魏郦道元作注《水经》。他们对相关的遗迹遗物，尽可能地做到亲自考察和调查，既能辨史又可补史。这种寻根追源的治学态度，为后世学术上的探古、考古树立了榜样。此后，山河间的访古和书斋式的究古相继开展，特别是对古器物的研究，成了唐、宋时期的文化时尚。不少学者热衷于青铜铭文、碑刻、陶文、印章等古文字的考释，进而有了对器物的辨伪鉴定、时代判断、分类命名等，逐渐兴起了一门新的学问——金石学，涌现出许多著名的古器物鉴赏家和收藏家。只是囿于当时的历史条件，金石学家们无法了解所见文物的出土地点和情况，也难以涉及史前时代漫长的演进历程，因而长期以来始终脱离不了考证文字和证经补史的窠臼。即使如此，他们的艰辛努力和取得的成绩，还是为推动我国传统文化的发展起到了积极作用，并且在事实上也为中国考古学和中国文物学的起步铺设了最早的一段道路。

20世纪初，近代考古学由西方传入。中国学者继承金石学的研究成果，学习并运用西方考古学方法，开始从事田野考古，通过历史物质文化遗存，探寻和认识古代社会，揭示人类社会发展规律。早在1926年，中国学者就自行主持山西南部汾河流域的调查和夏县西阴村史前遗址的发掘。随后，我国学者同美国研究机构合作，有计划地发掘周口店遗址，发现了北京猿人。从1928年起至1937年，连续十五次发掘安阳殷墟遗址，取得了较大收获，引起了国内外学术界的重视。自20世纪50年代以后，随着国家大规模经济建设的进行，田野考古勘探、调查和科学发掘工作在全国范围内蓬勃有序地开展，许多重要的典型遗址和墓地被揭露出来，重大发现举世瞩目。它们脉络清晰，层位分明，文化相连，不仅弥补了某些地域上的空白，而且衔接了年代上的缺环，为研究中国古代史、文化史、科学史以及其他学科领域，提供了珍贵、丰富的实物资料，极大地影响着人文社会科学诸多学科专业的研究与发展。这段时间被学术界称为中国考古学的黄金时代。在马列主义理论指导下，具有中国特色的考古学理论体系和方法论逐渐形成。有关研究成果不仅极大地改变和丰富了人们对中国文明起源、中国古史发展等重大问题的认识，同时也扩展了中国文物的研究领域和研究方式。可以说，考古学的发展与进步，直接影响到文物学的形成与发展，而且影响到全社会对文化遗产重要作用的认识以及世界学术界对中国古代文明的重新认识。

从 20 世纪 80 年代开始，文物界就中国文物学的创立，逐渐取得共识，在共同探讨的基础上，初步形成了学科体系。不少学者发表了有关论文，出版了专著，就文物的历史价值、科学价值、艺术价值以及在社会主义的物质文明与精神文明建设中如何对文物进行有效保护、合理利用发表意见。这些研究成果已获得学术界的赞同。

在这世纪之交和千年更替之际，对中国考古学和中国文物事业作一次世纪性的回顾和反思，给予科学的总结，是许多学者正在思考和研究的问题。如果能通过梳理 20 世纪以来重大发现和研究成果，透视学科自身成长的历程，从而展望未来发展的方向，以激励后来者继续攀登科学高峰，无疑是一件很有意义的事。为此，经过酝酿、商讨和广泛征求意见，我们约请一批学者（其中有相当多的中青年学者）就自己的专长选择一个专题，独立成篇，由文物出版社编辑出版一套《20 世纪中国文物考古发现与研究丛书》，并以此作为向新世纪的献礼。

从某种意义上说，《20 世纪中国文物考古发现与研究丛书》是一套学科发展史和学术研究史丛书。其内容包括对 20 世纪考古与文物工作概况的综合阐述；对一些重要的考古学文化和古代区域文化研究情况的叙述；对文物考古的专题研究；对重要的文物考古发现、发掘及研究的个例纪实。

此套丛书的内容面广，而且彼此关联。考虑到各选题在某些内容上难免会有重叠或复述，因此在编撰之初，我们要求各选题之间互有侧重，彼此补充，以期为读者了解 20 世纪中国考古学和文物学的发展提供更多的视角。

我国的文物与考古工作，虽在 20 世纪得到了迅速发展，但仍有许多重大学术问题需要进一步探索。我们主持编辑这套丛书，除了强调材料真实，考释有据，写作态度严谨求实外，也不回避以往在工作或研究上曾经产生的纰漏差错和不足之处，以便为今后的工作和研究提供借鉴。虽然我们尽了很大努力，但限于水平，各篇仍很难整齐划一。由于组稿和作者方面的困难和变化，一些计划之中的题目也未能成书。这些不周之处，敬请专家、学者和广大读者批评指正。

在丛书编印过程中，我们得到了文物、考古界的广泛支持。何东先生在出版经费上给予了热情帮助。在此，一并深表感谢。

2000 年 6 月于北京

目 录

插 图 目 录

前言

　　魏晋南北朝（即三国两晋南北朝）时期，是我国历史上秦汉隋唐间一个重要的历史阶段。它从公元 3 世纪三国鼎立局面的形成，到公元 6 世纪末隋统一止，经历了近四个世纪的时间（公元 220～589 年）。这一历史时期虽短，但却是一个重大的变革时期，是继先秦之后，第二次社会形态变异带来的结果，中国封建社会自此开始进入繁盛的时代。

　　东汉末年的军阀混战最终形成的魏、蜀、吴三国，以曹魏势力最为强大。司马氏凭借曹魏的优越经济条件，统一了中国，建立了西晋王朝。由于西晋统治者的极端腐朽，很快引发了十六国之乱，许多少数民族的贵族和汉族士族豪强势力到处掠夺人口，割据一方。百余年的混战，使一向是经济、政治、文化中心的黄河流域遭到了彻底的破坏。其间拓跋氏的势力日益壮大，并在黄河以北地区，建立了北魏政权，后来又分裂成为东魏、西魏、北齐、北周。北方边境的少数民族进入中原和一部分汉族的流动、迁徙，加速了汉族和各少数民族的交往和融合，促进了边远地区和南方地区社会经济的迅速发展，为以后隋唐的统一准备了条件。

　　公元 4 世纪初，由于北人南下，加快了南方经济开发的速度，加之东吴屯田和东晋土断制的推行，南方曾出现了短时期的"财阜国丰"现象。经东晋、宋、齐、梁、陈等朝代的更替，形成了南北对峙的局面。相对来说，南北朝时期南方的时局比较稳定，经济有较大发展，文化、艺术和科学方面也有新的成就。南朝时期经济的发展，使江南之地"良畴美柘，畦畎相望，连宇高甍，阡陌如绣"[1]，为隋唐两代开辟财源及全国的粮仓和布匹的供给奠定了基础。从此，中国的经济重心开始由北方转向南方。

魏晋南北朝的考古发现，基本上反映了这个时期的历史特点，即地方特色比较浓厚；过渡性较显著；边远地区遗物、遗迹发现增多；民族特色和文化交流的文物更为引人注目；佛教遗迹和艺术品的发现，说明外来宗教获得广泛的传播。这些文物考古资料所反映的情况，证实这一时期政治、经济、军事、文化各方面都有巨大的变化，不能将其说成是没有成就的黑暗时代。在学术思想、宗教哲学、科学技术、文化艺术等方面，其既继承了秦汉以来的传统，也吸收了外来的因素，同时，又直接影响到隋唐两代的繁荣和发展。

注　释

[1]《陈书·宣帝纪》卷五，第82页，中华书局1974年点校本。

一 研究简史

（一）1949 年前的考古与文物发现著录

魏晋南北朝考古资料的发现与著录，早在魏晋时期就已开始，一些士大夫往往爱好古物，探讨古器物的风气盛行一时。这在历史文献上均有记载。《晋书·束晳传》说："太康二年（公元 281 年），汲郡人不准盗发魏襄王墓，或言安釐王冢，得竹书数十车。""武帝以其书付秘书校缀次第，寻考指归，而以今文写之"。此即我们所熟知的"汲冢竹书"。南朝梁时，陶弘景著《刀剑录》，收夏至梁武帝时期铜器共 79 件；陈时，虞荔著《鼎录》，收汉景帝至王羲之时铜器共 72 件。这些著录近详远略，当非伪书。《隋书·经籍志》在"石经"下注"梁石经"若干卷，即为当时南京一带梁代陵墓石碑、石柱上文字。这是我们所知最早的拓片。因在东汉时期，尚不知拓片为何物，故熹平石经立，"其观视及摹写者，车乘日千余辆，填塞街陌"[1]。

这一时期文物资料较为完整的著录，始自唐宋，当时地方志书的纂修，文物古迹为必备内容。现存唐许嵩《建康实录》为最早，其中记有南京的历史文物遗迹，以东晋及刘宋时期较为详尽。次为李吉甫的《元和郡县志》。这是一本当时记载比较完备的地理志书，后来由于辗转写刻，也有舛误。但因为年代相距较近，上两书中所列的遗迹文物，尚可凭信。宋元时期对三国、两晋、南北朝的遗迹和遗物，则注录得更为详尽，如王象之的《舆地纪胜》、张敦颐的《六朝事迹编类》、乐史的《太平寰宇记》、王存的《元丰九域志》等书。此外，周应合的《景定建康志》、张铉的《至正金陵新志》，内容不少因袭前书，似不足观。志书以外，唐欧阳询《艺文类聚》中有一些当时的墓石记文，宋欧阳修《集古录》、王厚之《复斋碑录》则记有魏晋南北朝时期的神道碑刻，亦可参阅。清代，金石考据之学大兴，碑刻和古器物的考订，又逾宋元之上，如严观的《江宁金石记》、莫友芝《金石笔识》等，皆有魏晋南北朝的碑刻记录。在清末以来的铁路修筑工程中，至抗日战争以前，南北各地皆发现了许多魏晋南北朝墓葬，大量随葬器物流入市场。自此金石文物学家的收藏与记述，脱出主要依靠历代传世遗物的范围，而帝国主义者的掠夺、破坏也随之而来。当时破坏严重的是河南洛阳和浙江绍兴一带，以前者最甚。同时，盗掘破坏之风波及江苏、山东、河北南部、辽宁南部与吉林东部。国外一些盗掘者还进入新疆地区，对各种遗迹、遗物进行有计划的、长期的劫夺和破坏，引起了当时国内学术界的重视，并开始对重要地区的遗迹进行实地调查。比较重要的有北京大学文科研究所调查甘肃敦煌石窟（1923年）和汉魏洛阳城遗址（1929年），西北科学考察团调查新疆各地石窟（1928年～1930年），中国营造学社调查山西大同云冈石窟（1932年）和洛阳龙门石窟等（1934年～1935年），北平研究院史学研究会考古组调查河北南部响堂山石窟（1935年）等，中央古物保管委员会调查江苏南京、丹阳地区六朝陵墓。重要的考古发掘有西北科学考察团在吐鲁番地区发掘的车师、高昌墓葬（1930年）和中央研究院西北史地考察团在敦煌发掘的魏晋墓葬

(1944 年)；南方还有张璜、朱希祖、朱偰、卫聚贤等人所进行的六朝墓葬的调查和发掘，结果收入吴越史地研究会编《吴越文化论丛》和《中国考古学史》（1937 年）以及《六朝陵墓调查报告》（1935 年）、《金陵古迹图考》（1936 年）等书。此外，还有张璜著《梁代陵墓考》（同时译成法文本"Tomeau Des Liang"，在国外发行），卫聚贤著《中国考古小史》，陈志良著《南京访古记》。后来梁启超著《中国考古之过去及将来》，王国维著《近二三十年中国新发现之学问》，弥补阮元《商周铜器论》之不足，其中有关魏晋南北朝的铜器，均可作参考。

总之，从唐宋以来，一直到 1949 年以前，对于魏晋南北朝时期的考古资料只有零散的发现、著录和一些金石学家对碑刻的记载、考订，以及仅在志书中才能看到的一些有关文物、遗迹的描述。真正有计划和系统的考古工作，从 1949 年以后才算开始。

（二）1949 年后的重大考古与文物发现

中华人民共和国成立之后，在政府组织下，正式开展了有关魏晋南北朝的考古工作。以 1950 年至 1951 年中央文物局调查北方、西北各石窟和南京博物院发掘雨花台吴晋墓群为开始，1953 年以后，各地陆续发现了三国两晋南北朝时期的各种遗迹、墓葬，也普遍对地上遗迹进行了勘测和调查。1956 年以后，又进一步开展各项整理与研究工作，在大型墓葬、若干出土遗物及某些地面文物等方面，产生了一些研究成果。1956 年，赵万里著《汉魏南北朝墓志集释》，大量集录了洛阳

出土的墓志；1961 年《新中国的考古收获》(中国社会科学院
考古研究所编)，整理了自 1949 年到 1960 年发现的考古资料，
提出豪强大族墓和南方青瓷手工业的迅速发展是此期考古值得
注意的两个问题。这是第一次对魏晋南北朝考古提出的综合概
述。后来，根据陆续发现和出土的考古资料，一些学者在城址
布局、墓葬类型和分期、手工业遗物等方面又提出了新的课
题，并做了专门的研究。1979 年的《文物考古工作三十年
(1949～1979)》(文物编辑委员会编)，其中有关省市的魏晋南
北朝考古部分，着重阐述了三十年来的重要发现和研究成果。
1984 年的《新中国的考古发现和研究》(中国社会科学院考古
研究所编) 中的"魏晋南北朝时代"，着重介绍了武昌、南京、
丹阳及西南、湖广地区墓葬的发掘和研究成果。1986 年《中
国大百科全书·考古学》的出版，进一步将魏晋南北朝考古以
分区域、按类别的方式，对全国的重大发现作了分类综合概
述。1991 年的《文物考古工作十年 (1979～1989)》(文物编辑
委员会编)，是《文物考古工作三十年 (1949～1979)》的续篇，
也是包括魏晋南北朝在内的第四个十年文物考古工作情况的总
汇。1995 年的《中国大百科全书·文物博物馆》，其中"文物"
部分，又从器物分类方面对魏晋南北朝的一些重要发现作了分
析与概述。

　　从上述四十年来的概况，以及 1989 年后到 1998 年间的各
种报道、专题调查、发掘和研究报告可以看出，这一历史阶段
的重大考古与文物发现大致有以下一些内容：

　　第一，城址，包括北方地区的曹魏邺城和汉魏洛阳城，南
方地区的孙吴武昌城和吴、晋、南朝的建邺与建康城；

　　第二，墓葬，包括中原和西北地区的魏晋墓，武昌、南京

的东吴墓、东晋墓和南朝世家大族墓，南京、丹阳的东晋南朝皇陵，西南、湖广地区的两晋南朝墓，山西北魏皇陵和大族墓，河北、山西、河南等地的东魏、北齐墓，吉林等地的高句丽墓；

第三，瓷窑址，包括江、浙的汉晋窑址，湘、皖的晋、南朝窑址；

第四，石窟寺和佛教遗迹，包括北方敦煌、云冈、龙门等地石窟，南方栖霞山等地石窟，洛阳永宁寺佛寺遗址和曲阳、成都、青州等地佛教造像等；

第五，中外交通遗迹，包括中国境内发现的东罗马、中亚、西亚的遗物，与陆上和海上交通要道的扩大与开辟的有关实物资料以及在境外各国发现的中国输出到国外的魏晋南北朝遗物。

注　释

[1]《后汉书·蔡邕传》卷六十，第1990页，中华书局1973年点校本。

二 城址、窑址、矿冶遗址

（一）中原地区

魏晋南北朝时期，社会虽然动荡，但更趋于活跃变化，北方少数民族与汉族不断融合，中西文化交流频繁，当时作为政治、文化、经济、军事中心的都城在相当程度上反映了这种变化。现仅就曹魏邺城（邺北城），魏晋、北魏的洛阳城，东魏、北齐的邺城（邺南城），作简要介绍。其中曹魏邺城，堪称中国全新都城布局的先声；规模空前的北魏洛阳城新筑外郭影响深远；东魏、北齐之邺城规划更加成熟，隋唐都城的规划思想与实践直接受到它的启示[1]。

1. 曹魏至十六国时期的邺城

建安九年（公元 204 年）曹操大破袁绍于官渡，攻克邺城。由荀彧负责的尚书省也随曹操迁至邺城，此时邺城实际成为中国北方的政治中心，所颁政令均出自邺。黄初元年（公元 220 年）曹丕称帝建魏，因邺城是"王业之本基"，遂为曹魏的都城。

曹魏至十六国时期的邺城，俗称邺北城。据《水经注·浊漳水》记载，曹魏邺城"东西七里，南北五里"。经初步勘探实测，曹魏邺城平面基本呈长方形，东西长 2400～2620、南北宽 1700 米。漳河历年泛滥，城内遗迹现在基本埋没于漫漫

图一　曹魏至十六国时期邺城遗址远景

流沙之中（图一）。

　　邺北城城垣多筑于曹魏，个别地段还要更早。东城墙现钻探出 1300 米，城门址一处，并探出城垣之东南角。北城墙探出 350 米，城门址一处。西城墙南段探出约 300 米。南城墙探出约 1400 米，城门址一处。据《水经注》记：曹魏筑邺城，共七门。南面三门，正南曰中（永）阳门，东曰广阳门，西曰凤阳门。东面一门曰建春门，门道宽约 22 米。建春门至金明门是全城惟一的东西大道，宽约 13 米。它将邺城南北分开，北半部主要建筑宫城、衙署、铜爵园等，南半部主要分布一般官署和里坊。

　　宫城内有以文昌殿为核心的外朝。文昌殿是外朝的正殿，凡朝会宾客、宴享群臣等国家大典均在这里举行。文昌殿、端门、止车门、正南城门中阳门在一条直线上，已具备邺北城中轴线的意义。以听政殿为核心的内朝位于文昌殿之东，这里为处理日常政务之所，是曹魏政权的中枢。主要的衙署分布于内朝之南，如相国府、御史大夫府、奉常寺、大农寺等。曹魏邺城之宫城将内外朝东西并列，主要出于当时政治的需要，是中国都城规划的一个进步。

举世闻名的铜爵台与金虎台、冰井台并称三台，是邺北城的大型高台建筑。其位于邺北城西墙偏北，以墙为基。铜爵台筑于建安十五年（公元210年），金虎台筑于建安十八年（公元213年），冰井台筑于建安十九年（公元214年）。金虎台和铜爵台的一部分是邺北城硕果仅存的地面遗迹，从其所存残部略可窥见当年三台宏伟壮观的规模。金虎台位于金明门北，现存南北长120、东西宽71、高12米（图二）。其北83米为铜

图二　曹魏至十六国时期邺城金虎台遗址

爵台，现台基仅存东南角，南北长 50、东西宽 43、高约 6 米。根据文献记载：铜爵台高十丈，其上有屋百余间；金虎台高八丈，其上有屋一百三十余间；冰井台"亦高八丈，有屋一百四十间，上有冰室，室有数井，井深十五丈，藏冰及石墨焉。石墨可书，又燃之难尽，亦谓之石炭。又有粟窖及盐窖以备不虞"。三座高台以空中栈道相连，彩画精美，气度非凡，犹如空中彩虹。"施则三台相通，废则中央悬绝"。三台成为全城的制高点，可以俯看全城和邺城附近情势，加之"以备不虞"的储备，其军事意义显而易见。三台建成之初，曹操与子臣们登高观景，其子曹植当场作赋云："建高门之嵯峨兮，浮双阙乎太清。立中天之华观兮，连飞阁乎西城。临漳水之长流兮，望果园之滋荣。……"建安文学在中国古代文学史上享有盛誉，其中不少意气勃发、才华横溢的佳句名篇即诞生在三台之上。唐人诗句中的"东风不与周郎便，铜雀春深锁二乔"亦源于此。

邺北城在规划时设置了长寿里、吉阳里、永平里、思忠里等里坊。左思《魏都赋》记载："其间阎则长寿、吉阳、永平、思忠。亦有戚里，置宫之东。"尽管里坊是城市规划中的居民区，但普通居民、工商业者的居所却与贵族、官宦不相混杂。其中戚里、长寿、吉阳"皆贵里"，是贵族阶层、高级官吏居住的里坊，体现着封建等级制度的森严。邺北城里坊主要分布于金明门至建春门的东西大道以南。这种都城规划的思想影响深远。

据文献记载，邺北城西北部有铜爵园，其东临文昌殿，西临三台。园中建有殿堂、池渚、山石、亭树。利用漳河之水，邺北城外还建有玄武苑、灵芝园等大型园苑。它们既是园林，又在给水系统中发挥作用。玄武苑中的玄武池还是曹操训练水军的场所。

邺北城有十分完备的给排水系统，用于城市用水、园林灌溉等。邺北城地势自西北向东南斜倾，高差约 3 米，曹操引漳河自铜爵台下伏流入城，顺地势东出邺城，注入湟水，这就是曹操《登台赋》"引长明灌街里"中所提到的长明沟。长明沟基本与东西大道并行，并有支流分布于里坊之中。此外，曹操还兴建了天井堰、石塞堰等水利工程，以供城市和农业用水之需。

十六国时期（公元 335～370 年），邺北城先后成为后赵、冉魏、前燕的国都。由于西晋永嘉元年（公元 307 年）"八王之乱"，邺北城遭到严重破坏，后赵遂对邺北城进行了大规模的营建，但在都城总体规制方面无大的改变。后赵石虎复建时十分奢华。据《水经注》载：石虎邺城"饰表以砖，百步一楼，凡诸宫殿门台隅雉，皆加观榭，层甍反宇，飞檐拂云，图以丹青，色以轻素，当其全盛之时，去邺六七十里，远望苕亭，巍若仙居"。石虎重点修建三台、太武殿、凤阳门等，并在原铜爵园的位置兴建了九华宫。

总之，曹魏时期的邺城在中国城市发展史中占有重要的位置，是一个新阶段的标志。

2. 曹魏、西晋时期的洛阳城

曹丕称帝（公元 220 年）建魏后，定都洛阳，西晋受禅于曹魏，也以洛阳为国都，至永嘉六年（公元 312 年）西晋南迁，曹魏、西晋以洛阳为都共九十余年。曹魏都洛后，对城垣及都城格局做了一些重要的修复与改建。结合文献资料，可以归纳出以下几处：

第一，新筑金墉城。魏文帝曹丕在洛阳城西北隅兴建百尺楼。随后，魏明帝曹睿在此基础上扩大，建造了金墉城（《水经注·穀水》）。它是仿效曹魏邺城西北的铜爵等三台所筑。金墉城北倚邙山，南临伊洛，地势高平。其南北长1048、东西宽255米，由目字形南北排列的三个小城堡组成。南端城堡的高度仅次于洛阳城垣西北隅内，北端和中间的城堡仅次于洛阳城西北隅外。金墉城城墙厚12～13米，版筑而成。墙外筑有马面，马面间隔60～70米，长15、宽8米。城东、北、西三面引有穀水环护。金墉城始建之初既是一座军事堡垒，又可从这里俯瞰全城。如果说兴建金墉城的构想发端于邺城之三台，其城内高台、城墙、马面、护城河等完备防护体系的形成，则标志着它的进步与成熟。

第二，重点修复北宫，起太极殿。东汉雒阳南北二宫城对峙，初平元年（公元190年）董卓之乱，南北二宫遭到毁灭性破坏。据《三国志·魏志》载，黄初元年"十二月，初营洛阳宫，戊午幸洛阳"。裴注："诸书记，是时帝居北宫，以建始殿朝群臣。"曹魏文、明二帝时期在北宫筑凌云台、崇华殿等，北宫之北兴芳林园。青龙三年（公元235年），在以东崇德殿旧基上建太极殿作为宫中正殿。此后，中国古代诸朝宫中正殿均曰"太极"（《初学记》卷二十四）。曹魏洛阳城以北宫地位最为显著，南宫已经衰落。

第三，修补城垣，改建大夏门。通过对汉魏故城的初步勘查了解到，曹魏时期洛阳北城墙加厚至30米左右，并在西城墙北段、北城墙外侧增筑马面，马面间距约120米。以北垣一号马面为例，现残存东西长9、南北宽8.5、夯土厚4.4米，系版筑而成。马面是城市防御体系的重要组成部分，利用马面可以三面攻击临城或登城的敌人。马面应用在都城中，曹魏洛阳城之前尚无先例，此后的东魏、北齐邺城及至北宋汴京、元明清北京等普遍筑构马面，可见其影响之深远。北宫之北的芳林园、城西北的金墉城及其东临的宣武场等建制决定了大夏门的显赫地位。魏明帝重建大夏门，"门有三层，高百尺"（《水经注》）。经大夏门南入大道终止于北宫西北，而不向南直通南垣城门，也说明大夏门主要服务于皇宫。此外，曹魏洛阳城门较东汉雒阳亦多有改变。

西晋一代于洛阳宫室、城垣无新建树，处于相对稳定的时期。

3. 北魏洛阳城

北魏孝文帝于太和十七年（公元 493 年）经营新都洛阳，太和十九年（公元 495 年）正式自平城（今山西大同）迁都洛阳。这是洛阳自西晋南迁废弃后，经过一百八十余年再次成为国都。北魏迁都洛阳之后，开始了大规模的营建。据《洛阳伽蓝记》记载："京师东西二十里，南北十五里。"如果计入洛河南岸的四夷里、四夷馆，其南北之距亦达二十里。如此规模的都城在当时是空前的。

北魏洛阳城由宫城、内城、外郭城三重城垣组成。宫城、内城基本是在魏晋洛阳城旧址上重建。宫城南北长 1398、东西宽 660 米，位于东汉北宫故地。除北墙不甚明确外，东、南、西三面宫城墙尚存，共发现宫门四座。正南门阊阖门门洞缺口达 46 米，足见其规模之宏伟。阊阖门正北有一东西长 100、南北宽 60 米的长方形宫殿基址，地面以上保存约 4 米，当地俗称"金銮殿"，它就是宫城正殿——太极殿，是当时城市的中心。宫城内夯土台基密集，全部宫廷建筑均集于其中。

虽然面积仅为内城的十分之一，但它所处内城偏北部的中央位置，全然打破汉魏洛阳城南北宫并存的格局，显示出宫城是全城设计的核心。宫城北有华林园，属皇家禁苑。

其内城城垣依旧，只是城门略有变更。据《洛阳伽蓝记》记载：北魏内城共有十三座城门，东垣自北而南分别为建春门、东阳门、青阳门，南垣自东而西依次为开阳门、平昌门、宣阳门、津阳门，西垣自南而北分别为西明门、西阳门、阊阖门、承明门，北垣西为大夏门，东为广莫门。其中承明门是为出入金墉城之便而新建，西明门是在东汉雍门旧址之北500米新建的，原城门遂废。另外十一门皆是在汉魏城门旧址上重建。1985年，中国社会科学院考古研究所汉魏故城工作队发掘了北魏建春门。建春门有三个门洞，门道两侧用夯土墙和排叉柱来承重，以支撑门洞上的横过梁结构，再上为门楼二重。门洞内壁饰白灰墙皮，上面绘有红色图案。城内街道更加规整，东西大道基本贯通内城。其中东阳门至西阳门东西大道是内城的重要分界。道路以北地势较高，分布宫城、园囿、武库、太仓等，除极个别皇族、权臣占据延平里，北半部的其余区域属广义的宫苑区。道路以南主要有衙署、庙坛、寺院、贵族宅邸等。阊阖门至宣阳门的南北向大街为铜驼街，宽约42米，街道两侧发现有大面积建筑台基。据文献记载，这些建筑属于中央官署的司徒府、太尉府、将作曹以及太庙、太社、国子学等。太极殿、阊阖门、铜驼街、宣阳门、洛水上的永桥至南郭城外的圜丘，构成了北魏洛阳城的中轴线。中轴线虽然在内城偏西，但基本上宫城处于居中位置，所以北魏洛阳城的总体布局依循了择中立宫、官府外设、左祖右社等封建都城的建筑原则。

外郭城为北魏迁都后新建。据《魏书·世宗纪》记载：景明二年（公元501年）"九月丁酉，发畿内夫五万人，筑京师三百二十三坊，四旬而罢"。经勘探发现了东、西、北三面外郭城城垣。郭城东墙现存长1800、宽8～13米。其西距内城东墙约3500米。郭城西墙现存长4400、宽7～12米。其东距内城西墙3500～4250米。郭城西墙外侧现尚存有一壕沟，当为文献中提及的"长分沟"。郭城北墙西段保存较好，60年代尚高出地面约2米，现残长130、墙宽13米。与墙并行的壕沟宽12.5、深3.3米，当为护城壕。郭城北墙南距内城北墙最近处仅850米。北魏兴建外郭城是出于当时之需要。第一，内城较狭窄，宫室、衙署、寺院几乎占尽内城，众多的里和市需在郭城中安排。第二，元魏鲜卑政权迁洛的同时还随同一大批家口，其中大多部分保留着原始的军事编制，修筑郭城也是为了妥善地安排这批有组织的迁入居民。第三，严格地控制与管理北魏洛阳城所辖人口。郭城中里坊划分整齐严密，平面皆为正方形，边长一里，四周围墙，有行政官员管理。不同等级、不同身份的人定居于不同的里坊中，如西郭寿丘里为宗室所居，南郭四夷里为外域商家所居，东郭建阳里属一般居民里坊。这些做法仿效了北魏都平城时的经验，是森严的等级制度的产物，对隋唐城市的格局产生了很大的影响。

北魏洛阳城给排水系统是西引穀水东注。用于城市防卫的护城壕与城墙走向一致，且保持一定距离。内城、外郭城垣外均有护城河迹。护城河宽18～40米不等。另有一支水流横穿金墉城，经东南至大夏门东侧入内城。这是主要供金墉城、禁苑、宫城使用的给水系统。据记载，园囿中有天渊池、翟泉，宫城内有灵芝钓台、洗烦池等。封建都城的水系规划，当以其统治的安全和生活享乐为首要目的。

北魏时期，洛阳呈现出一派繁荣景象。据《洛阳伽蓝记》载：南郭的四通市"商胡贩客日奔塞下，……天下难得之货，咸悉在焉"。除四通市外，还在西郭城设大市，"周回八里"，是洛阳城的商品贸易中心。又在东郭城设小市。内城中魏晋时的"金市"已经废弃，另在该地筑佛寺。金市就是汉晋以来"面朝后市"的所谓后市，而新设大市、小市、四通市的位置均处于宫城以南。至此废除后市，完成了中国古代都城规划中的一项重要变革。

北魏是佛教在中国繁盛发展的重要时期，都平城时就开凿了气势恢宏的云冈石窟，平城内亦筑建佛寺。而北魏规划洛阳之始"置僧尼寺各一，舍置城外"（《通鉴》"梁纪"），给佛寺这样高度的重视为以前都城所未有。据《洛阳伽蓝记》云：北魏

图三　河南洛阳北魏永宁寺遗址

图四　河南洛阳北魏永宁寺
　　　塔基出土佛像（残）

洛阳有佛寺"一千三百六十七所"。今天龙门石窟所属的"宾阳三洞"即为那时开凿。该石窟历时二十四年尚未完工，后因北魏政权瓦解而终止。内城铜驼街之西的永宁寺塔基于1979年正式发掘（图三）。永宁寺寺院东西长303、南北宽215米，东南西三壁尚存一门，方形夯土塔基位于寺院中央，高于地面约5米，塔北有殿堂遗迹。据记载，永宁寺建于熙平元年（公元516年），为九层木构佛塔，门窗彩绘饰金，极尽奢华，后于永熙元年（公元532年）被焚毁。塔基中出土一批菩萨、比丘及供养人像，通高22厘米左右。其工艺精湛、形象生动，是佛教艺术流传中原后产生的作品（图四）。

　　北魏洛阳城汲取了鲜卑政权都城盛乐、平城的经验，融会了中国封建传统思想的精髓，以适应当时政治、经济、文化发展的需要，在中国都城发展史上实现了历史性的变革。其主要表现在以下诸方面：

第一，宫城、内城、郭城三重城垣的平面布局，实质上成为此后历代都城、宫城、皇城、郭城平面布局的原型；

第二，郭城在全城地位逐渐重要，郭城里坊设置规整，管理严格，不同的身份等级居住有序；

第三，撤除"金市"，于宫城之南，外郭城西、东、南设大市、小市、四通市，一改"面朝后市"的都城设计思想；

第四，北起宫城、南抵圜丘的中轴线纵贯全城，并以此为轴心，明确体现帝王居建于中极、左祖右社等传统设计思想；

第五，推崇佛教文化，外郭城、内城遍布佛寺，开都城规划预先安排佛寺之先河。

总之，北魏洛阳城是一个总结汉魏以来都城规划经验的城市，也是一座富有创意的新型都城，在中国都城发展史上起着承上启下的作用。其地位举足轻重。

4．东魏、北齐时期的邺城

公元534年，北魏分裂成为东魏、西魏，大丞相高欢迎立年仅十一岁的小皇帝元善见即位，即东魏的孝静皇帝。同年十一月，下诏迁都邺城。邺城在前燕王朝灭亡一百六十余年后再次成为国都。邺北城此时已经残破，加之自洛阳迁"户四十万"至邺，京都的扩建或新建非常紧迫。天平二年（公元535年）在邺北城之南增筑南城，"城东西六里，南北八里六十步"（《北齐书·高隆之传》）。邺南城的营构由尚书令右仆射高隆之负责，"上则宽章前代，下则模定洛京"（《北齐书·李业兴传》）。北魏洛阳城不但被"模写"，而且其宫殿的建筑材料等还被拆运到邺南城使用。由于邺南城的设计者们一定程度参与过北魏洛阳的建设，加之城市基本为新建，更易表达营造设计者的意图构想，因此更加规整完善。

　　经初步调查钻探，基本确定了邺南城的范围和平面布局。邺南城城址平面呈长方形，东西约 2800、南北约 3460 米。东、南、西城垣为新筑，北垣借用邺北城之南垣。据记载，新筑城门十一座，南垣正中为朱明门。其在城门中规格最高，气势宏伟，门上有城楼。"东西二十四门，朱柱白壁，碧窗朱户，仰宇飞檐，五色晃耀……"（《邺中记》）。南垣东为启夏门，西为厚载门。东垣自南而北为仁寿门、中阳门、上春门、昭德门。西垣自南而北为上秋门、西华门、乾门、纳义门。北垣城门即原来邺北城南垣的城门。出于军事目的，邺南城城垣外侧均匀地分布着"马面"设施。所筑城垣并非笔直，而是略有弧度。城角处为圆角，形制新奇。文献记载，建造邺南城时，曾挖到一个逾丈的神龟，于是城墙便筑成龟壳的形状。当时是否掘到神龟已无从知晓，但与龟形相近的城垣与马面及护城河确实构成了邺南城坚固实用、特色独具的防御体系。

　　邺南城宫城位于城区中部偏北，"东西四百六十步，南北连后园，至北城，合九百步"（《邺中记》）。宫城面积不到全城面积的十分之一，布局较多地参照了周礼中"三朝苞门"的古制。止车门北至阊阖门的上清观具有外朝性质。太极殿为宫城正殿，属中朝，太极殿后的昭阳殿则为内朝。昭阳殿后有五楼门，五楼门内即皇帝后宫。宫城北至北墙的区域是禁苑。宫城建筑的"三朝"纵列形式，在邺南城时被大体确定下来，隋唐以后得以完善，并成为固定的格局。东魏、北齐的宫殿建筑极为奢华，皇帝为了满足个人的欲求，无休止地增扩宫苑，夜晚用火炬照明作业，寒冬以热水和泥施工，"殚淫巧，竭财力，焦思尽智，继之以狂惑丧心，靡所不至"(《邺都宫室志》)。据文献记载，宫城正殿太极殿周围有一百二十根柱子，台基高九尺，用有花纹的石料砌成，并雕以各式文字、图形。门窗檐椽饰以金银，殿顶用瓦涂以胡桃油。北齐天保朝曾扩建三台宫殿，并改铜爵为金凤、金虎为圣应、冰井为崇光，作为皇帝的离宫。现在凭吊三台遗迹时，偶或会在地面上遇到东魏、北齐的黑光瓦片和莲花瓦当。

城内道路通达整齐，由道路网划分出方格形里坊，宫城以南的里坊分布有官署、贵族官吏府第、太庙等。朱明门至止车门大道两旁栽植槐树，十步一株，树木沟渠流水湍湍。朱明门、门内大道、止车门、端门、闾阖门、太极殿、朱华门、昭阳殿、五楼门处在邺南城中轴线上，全城基本呈对称布局。从中轴线上的正南城门、三条南北道路的中央大道、宫城正南门、三大殿等可以看到，规划设计者将全城中轴线置于极其重要的地位。

北朝时期，佛教兴盛。据记载，邺城佛寺最盛时有四千所，京城之内僧尼达八万人之众。近年来，邺南城附近的上柳、马辛庄、西太平等地屡有纪年石刻佛像、金铜佛像出土，有些地点即是当时佛寺所在。见于记载的著名寺院有大总持寺、大庄严寺、妙胜寺、大兴圣寺等。北齐文宣帝高洋崇信佛教，在邺城之西开凿了闻名于世的南北响堂山石窟。北齐末年，后主高纬甚至将北城等三台布施给大兴圣寺。

东魏都邺城后即营造园林，到北齐时达到鼎盛。邺城外有游豫园、清风园、仙都苑等。仙都苑中有隔水相望的"五岳"和分布于五岳之间的"四海"，于水中行舟，宛如仙境，众多的亭台楼阁遍布其中，如玄武楼、紫微殿、飞鸾殿等。其中的密作堂筑于大船之上，浮在水面可以驱动。堂内木制偶人由机关控制，能奏乐、礼佛、舞蹈等，以供皇家游乐。邺南城园林西引漳水，使之成为城市水系中的一部分。邺南城引漳河"周流城郭"，环卫京都。由于漳河有泛滥之虞，设计者用长堤防止水患，同时，还利用水流"造冶碾，并有利于时"（《北齐书》）。

公元 577 年，北周攻破邺城灭北齐，周武帝下诏拆毁北齐邺都宫殿。北周大象二年（公元 580 年），杨坚、韦孝宽在战争中彻底焚烧邺城居邑，从此结束了邺城作为都城的历史。

东魏、北齐邺城从总体设计到付诸实施，较少受到旧城或自然条件的局限，更能贯彻设计者的意图，因而它的平面布局更加成熟完备。东魏、北齐邺城成为中国都城发展史上的重要环节，隋唐长安城集其大成，自当顺理成章。

5. 矿冶遗址

中原地区的晋南豫西，不断发现冶铸遗迹。山西运城洞沟铜矿从东汉到魏甘露年间均有刻铭留存，可知其延续使用的年代。在矿洞内发现的铁锤、铁钎等采矿工具和炼制的铜锭，以及矿洞附近分布的冶炼遗址，可证明是魏晋时代的遗存。

河南渑池也发现有东汉到北朝时期的铸铁作坊遗址。其中有一北魏的铁器窖藏，发现铁器 4195 件，内有铁范 152 件，农具、手工业工具、兵器等器类达 60 种以上。近 300 件器物铸有产地铭文，字体风格均为魏晋特征。这是中国早期铁制农业生产工具的重要发现。如一件镰和斧是由白口铁铸件脱碳而得钢，刃口采用了渗碳硬化工艺；一件铧范已接近现代高强度铸铁的低硅灰口铁铸件；一件斧的銎部，发现可以代替锻钢的类似现代球墨铸铁的球墨组织等。冶铸技术的提高，为生产的恢复和发展提供了重要条件。铁兵器替代传统的铜兵器，以及较完备的盔甲和马镫的使用都出现在此时。当时许多重大栈道工程的完成，也应与铁工具的大量使用有密切的关系。

（二）南方地区

1. 南京建邺、建康城

南京的六朝都城应从孙吴建邺城开始。魏黄初二年（公元221年）孙权始都武昌，吴黄龙元年（公元229年）迁都建邺。晋室南迁，在吴旧城基础上改称建康。咸和年间（公元326～334年），又在吴的太初宫和昭明宫的基础上，于城址中部正式建宫城，城凡二重。孙权的建邺城为南京建都之始，奠定了后来城市发展的基础，而东晋改建的建康都城和宫城，布局仿魏晋洛阳城，基础仍为建邺城，此后在整个南朝时期无大的变动。据《建康实录》记载，都城城周"二十里十九步"，宫城"周约八里"。"初皆以土墙竹篱为之"，东晋末开始部分用砖，南齐建元二年（公元480年）正式建"都墙"（《南齐书·高帝纪》），悉用砖。梁天监十年（公元511年），又增建第三重宫城。像这样有三重城的宫城，在南方城市发展史上较为罕见，应与当时政局动荡及皇室惶恐不安有关（图五）。

关于建邺与建康都城的范围、城门名称等，《建康实录》和《舆地志》均有记载。朱偰在《金陵古迹图考》中也有详考，此处不再赘述。需要指出的是，朱偰认为台城是建康宫城，而非今日南京市内鸡鸣寺后一段古城。自魏晋以后，帝室所住的地方称台，其住地宫城亦称台城，处于都城之内，占地甚小。而建康宫城是在东吴宫城基础上营建的，周长不过八

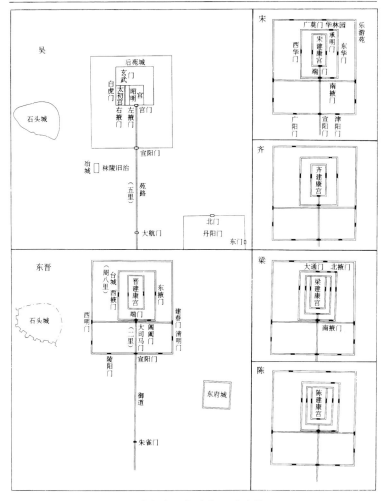

图五　江苏南京六朝建邺、建康城平面图

里。根据实地调查，在鸡鸣寺明代城墙之下有一段长约 200 米的残城基，所用城砖每块长 48、宽 23、厚 10 厘米。砖的原料、颜色、大小均和上层明代城砖不同，但与六朝墓砖近似，故可以证实是六朝都城的遗址。因此，朱偰的看法是正确的。《建康实录》、《金陵新志》、《宫苑记》均确认台城即建康宫城，而非建康都城。我们知道，南齐以前的都城城址，城墙和城门以土墙和竹篱为之，今天尚存的扬州南朝古城，除城门和一些主要部分用砖外，其余大部分均为土筑，故鸡鸣寺后的砖砌古城残迹年代当在南齐之后。《建康实录》卷十七记载："大通元年（公元527年），（梁武）帝创同泰寺（今鸡鸣寺），寺在宫后，别开一门，名大通门，对寺之南门。"又《舆地志》载："同泰寺与台城隔路。"这清楚地说明建康宫城在今鸡鸣寺南，宫之北门与寺之南面遥遥相对，由此证实台城北界应在今鸡鸣寺之南，即现在东南大学之北墙一带。因此，我们所见鸡鸣寺北到北极阁的一段城墙即为当时都城之北界，而非台城。顺义二年（公元922年），杨吴在同泰寺废基上立台城千佛院，因不辨六朝时期宫城与都城之别，误将此地视作宫城，以致传讹至今。

关于建邺和建康都城的四至，约在今南京中山路西侧、北极阁下、中山东路南侧、北太平路东侧一带范围内。而当时的宫城，南面约在今珠江路中段，西抵进香河，东至珍珠河，北至北极阁下鸡鸣寺前一带。可惜的是，由于陈亡以后，隋文帝杨坚惧南人再起，将南京六朝古城悉夷为平地，加之历代的兴废，故大多遗迹已无法查证了。

由于当时政治和军事上的需要，六朝时期在都城外围先后建立了一些军事堡垒和附郭城。如吴时于都城之东南秦淮河南置丹阳郡，东晋时又增筑"东府城"，以别于西晋太康三年（公元282年）所设的建邺县（即"西州城"）。其后又有琅琊城、秣陵城，以及临沂、江乘、怀德、同夏和湖熟等县城散布于都城四周，起着拱卫京都的作用。但直接保卫都城的堡垒和要塞，则首推西面的石头城、北面的白下垒、东南面的东府城和西南面的冶城。至于冶城之西的西州城、东府城之南的丹阳郡，到东晋以后，则增筑加固，城堡罗列，更加注意防守了。

这些城堡中，现仅存石头城，且保留较为完好。据文献记载，孙权早在建安十七年（公元212年），即在"金陵邑"的旧址上修建"石头城"，将秣陵改为建邺，比他定都南京还早十七年。据《舆地志》记：石头城"环七里一百步"。《丹阳记》云："石头城吴时悉土坞，（晋）义熙初，始加砖累甓，因山以为城，因江以为池，地形险固，尤为奇势。"《建康志》记：石头城中有仓城，又名"石头仓"或"石头库"，用以储存军用器械、粮食等物。历代帝王常以亲信和重臣领戍军，镇守石头城。"大明中（公元457～464年）以其地戍离宫，齐武帝为世子宫"。石头城西南有烽火楼，同治《上江两县志》中说是吴举烽火处，当时与长江上游相通，凡沿江要处，皆设有烽火台，举火相望，瞬息可达。一旦有军情，半天之内，可传遍长江沿线东吴所辖各地。这里又是东吴水军驻所，较大的港口码头往往可停船舶千艘。由此可知，自六朝以来，因江流逼城，倚此为要塞，遂为兵家必争之地。这对我们今天在清凉山下考订石头城遗址起了重要的作用。石头城系利用清凉山的自然形势，在山岩上填以土石而筑成。其西北两面紧靠长江，形势险要。我们从实地测得石头城西北仅存旧址的边缘长118米，其下岩石俱属紫红色的矽质砾岩，即当时江水直达城边，冲击暴露的岩石。在这些岩石上面有垒石所筑的城墙和少数六朝城砖，其上还有六朝以后迄今的砖墙。垒筑的石块平均长135、宽65、厚36厘米。石块可见的部分最厚达十二层，高

5.5 米，系就地取用同类岩石制成，故现在石头城下层的石城应是六朝时的遗迹。

唐代诗人刘禹锡《西塞山怀古》曰："王濬楼船下益州，金陵王气黯然收。千寻铁锁沉江底，一片降幡出石头。……"它描述了西晋王濬灭吴（公元 280 年）的情景。这里所指的"石头"，应即"石头城"。另外，从刘禹锡的另一首《石头城》中所云的"山围故国周遭在，潮打空城寂寞回。淮水东边旧时月，夜深犹过女墙来"可知，唐代江岸尚距城不远，秦淮河水绕经城下，江潮可以拍打已废的旧城。由于唐武德以后统一全国，改变了南北对峙的局面，此城已不起作用。到了五代，江岸变迁，石城失去险势，无复虎踞之雄，所以也就逐渐荒芜，不再驻军了。

综上可知，石头城和一部分建康都城遗迹，实为南京六朝时期最早的遗迹。

2. 湖北武昌城

六朝武昌城在今湖北武汉鄂州的鄂城区，因吴王孙权在此建城的原故，又称吴王城。《三国志》和《资治通鉴》记武昌城建城时间是黄初二年（公元 221 年），惟《水经注·江水》记是黄初元年（公元 220 年）。鄂州古称鄂县，汉属江夏郡，秦属南郡。从现存城垣中尚可发现的春秋战国时期和汉代的陶片可知，六朝时期的武昌城是在秦汉鄂县县城旧址基础上重建的（图六）。

孙权在武昌建城后，黄龙元年（公元 229 年）四月在武昌称帝，但同年九月即迁都建邺（今江苏南京），甘露元年（公元 265 年）后主孙皓又徙都武昌一年，至宝鼎元年（公元 266 年）还都建邺，故孙吴之世，武昌均处于西都（即陪都）的地

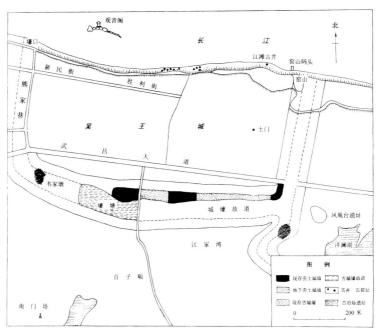

图六　湖北鄂州古武昌城平面示意图

位。西晋以后以迄南朝，武昌的重要性逐步下降。从鄂城发现六朝墓葬的数量看，吴、西晋、东晋三朝各有百余座，南朝仅四十余座，占六朝墓葬总数的百分之十左右。文献资料也说明，西晋以后武昌分属其他郡县，江陵和襄阳取代武昌，军事上更侧重夏口（今湖北武昌），鄂城逐渐荒芜。而隋唐以后武昌城又迁至县西，所以六朝时期的武昌城（吴王城）的兴衰基本与六朝的历史发展相始终。

　　六朝武昌城的城垣均按自然地形构筑，与同期建邺石头城和京口城（今江苏镇江）的做法如出一辙，体现了长江中下游滨江城池的特点。具体说来，六朝武昌城北垣构筑得较为严实。而宽而深的城壕，尤以南城壕最具代表性。六朝武昌城的周长，根据部分地段实测，长3300米左右，约合汉代八里。城址平面大体为长方形，东西方向长约1100、南北方向宽500米左右。

现有武昌城的遗迹，为城东南、城西北、城西南的三处建筑基址。其中发现许多绳纹筒瓦、板瓦和长方形几何纹砖，并在城南垣内发现古井两口，城北垣内发现井窖遗迹九处，已清理四处。此外，尚在城内发现制作精细的黑灰色筒瓦，瓦面上有拍印的叶脉纹，很可能是孙权在武昌城中居住的武昌宫的遗物。由于现今市区房屋密集无法进行钻探，故此不能确认宫址。

六朝武昌城是东吴新建的城市之一，其产生与当时的政治、军事形势有关。它的西面为军事重镇樊口，周围湖泊星罗棋布，便于水军驻扎。其附近的大冶有丰富的铜铁矿藏，有利于冶铸业的发展。因此，武昌城拥有发达的铜镜铸造业和兵器制造业及造船业。但其农业基础薄弱，大量的粮食和生活资料必须依赖长江下游地区供应。故《三国志·陆凯传》记："（孙）皓徙都武昌，扬土百姓泝流供给，以为患苦。"陆凯上奏：武昌土地"实危险而堵埆，非王都安国养民之处，船舶则沉漂，陵居则峻危，且童谣言：'宁饮建业水，不食武昌鱼；宁还建业死，不止武昌居'"。

所以，孙权定都建邺，如仅从地理环境来看，与武昌差别不大。鄂城与南京的自然条件十分相似，俱北临长江，旁依高山，龙蟠虎踞，形势险要。当三国分立局面已经形成，特别是东吴开发江南后，农业发展，促使孙权把都城从武昌迁回，确定建邺为都城。主要是因为建邺北有广阔的江淮平原，南有富庶的太湖流域，正如顾祖禹所指出的："至于江淮之间，五方之所聚也，百货之所集也。田畴沃衍之利，山川薮泽之富，远近不能及也。……吴人于江南，废郡县之吏，置典农督农之官，则谷粟充溢，虽疆场多事，恒无饥乏之虞。六朝时，往往修其故辙，自古未有不事民生，而可以立国者"（《读史方舆纪要》）。这是南京成为六朝古都的根本原因。古武昌一旦失去了其赖以生存的政治和军事上的优势后，地位就迅速下降。隋平陈统一江南后，武昌也就成了一般县治，不复为人所重视了。

3．扬州和镇江六朝古城（郡、县城）

扬州自春秋后期周敬王三十四年（公元前 486 年）吴王夫差筑邗城以来，经战国、汉、六朝、唐宋以迄明清，都在这里建筑或修缮过城池。六朝时期，东晋"永和十年（公元 354 年），谢安出镇广陵之步邱，筑垒曰新城，当在今新城之东北隅"（《扬州画舫录》）。又东晋"太和四年（公元 369 年）……以（桓）温领平北将军徐、兖二州刺史，……发州人筑广陵城，移镇之"（《晋书·桓温传》）。南朝宋"大明元年（公元 457 年）秋，（竞陵王诞）又出为南兖州刺史加都督。……至广陵，因魏侵边，修城隍，聚粮练甲。……大明二年（公元 458 年），发人筑广陵城"（《南史·竞陵王诞传》）。又据雍正《扬州府志》记："宋竞陵王诞时又增筑处城子城，城益大，其后自齐梁以迄陈、隋，城皆无异"（图七）。

根据考古资料，目前所见古城有四个时期的堆积，即春秋时期至西汉早期、汉、汉末至六朝中期、六朝晚期至唐宋。在第三期堆积层内发现有整齐的砖砌城墙，砖长 39、宽 19、厚 7.5 厘米，较南京南朝都城城砖略小，时代稍早。这种砖的上下两面和四个侧面都模印有"北门"、"北门壁"、"城门壁"等

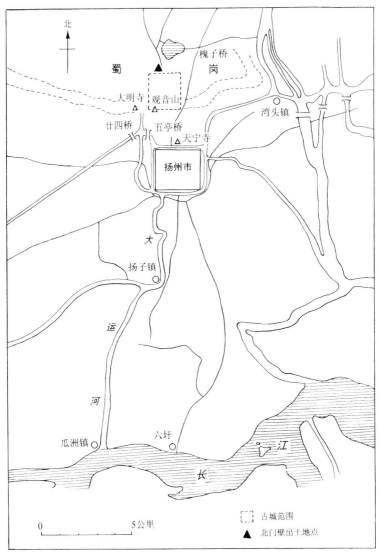

图七　江苏扬州六朝古城位置示意图

字样。由于砖文指明此处是"北门"，且发现在古城的北墙上，同时又指明这段城墙是"城门壁"，说明当时的北门即在此附近。这些砖文的字体，虽仍属隶书，但与南京出土的东晋王、谢墓志上字体，特别是谢鲲墓志比较接近，应是晋隶。"壁"字的写法，同以往发现的晋代墓砖上的文字几乎相同。"壁"即"砖"的别称，汉时称砖为"壁"，又称"瓴甋"或"令甋"、"令辟"。"辟"、"甓"是"壁"的同音假借，一直到六朝仍旧沿用。此字到唐代已不再用，很有时代特点。又据上述资料，东晋至南朝间曾有过三次筑城记录。谢安新城在今扬州东北，此古城则在清代扬州城西北偏北，二者地理位置不符。宋竞陵王刘诞所筑城，与此次发现古城城砖砖文年代亦不符，且这次发掘未看到增筑和扩大的城墙遗迹。故对比实物和地理位置可以断定，此古城很可能就是东晋大司马桓温所筑的广陵城。其是在吴王濞所筑的汉广陵城旧址上重建的。

镇江古城在 1984 年于北固山东南花山湾进行基建时被发现（图八）。残存的古城墙址平面呈凹字形，东墙长 650、南北墙各残长约 300 米，筑在一个大土丘上（海拔 27～30 米）。城墙残高 2 米，用 9～15 厘米厚的夯土层筑成，约十七八层，每层夯窝清楚。土城上宽 8～12 米，缘山坡建成。东城墙保存较好，北、南两城墙仅余二分之一左右。城砖铭文有"晋陵"、"城东门"、"南郭门"、"十里铺"等字，字体有隶书、楷书。这些城砖砌在土城夯土两侧的基础上，时代包括六朝及其后。

由于目前对此古城仅仅做过一些试掘，初步判断可能始筑于六朝中晚期，并延续至唐宋，历代均有维修痕迹。镇江在春秋时期筑有朱方城，秦汉时期为丹徒城，汉初为荆王城，东吴

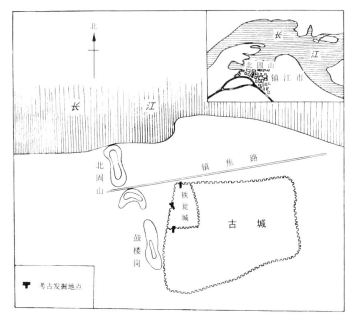

图八　江苏镇江六朝古城位置示意图

时期为**铁瓮城**，两晋南朝时期为有关郡县城。例如东晋永和年间东海郡移治京口，丹徒县自孙权嘉禾三年（公元 234 年）至刘宋元嘉八年（公元 431 年）的二百年间县治均在此地。这些资料可作为确定古城年代的参考。

4．南方都城的一些规律

根据以上考古资料，我们对南方都城的设置，似可归纳出如下一些共同的规律：

（1）由于中国长期的封建统治，统治中心的都城，其内皇城（亦称宫城）的安排必须是放在城市中央，以象征天子的无上权威。又由于封建"礼制"的决定，皇城放在都城之中略偏北，也有利保卫和防守。这种布局最早见于《考工记》。其曰：
"匠人营国，方九里，旁三里，国中九经九纬，经涂九轨，左
祖右社，面朝后市，市朝一夫。"我国古代的都城发展到六朝
时期，这种格局似已成规制，无论是孙吴的建邺、东晋的建康
和南朝的建康，都一直没有变化。我们从建邺宫城的一重城，
武昌宫城（亦可能为一重城）到建康宫城的二重城以迄南朝梁
代的三重城，可知六朝时的都城充分反映了中国都城格局的上
述特点。

（2）为了加强防卫，南京的六朝都城历代都增设了外郭
城，起到堡垒的作用。这一特点，一直延续到明代朱元璋大兴
南京城，在外围设立了许多防御的堡垒。其连起来称为外城，
与六朝时的外郭城有一脉相承的关系。

（3）六朝时期城市建筑首次用砖砌筑。这是我国城市发展
史上的一件大事。关于砖的应用，最初仅见于房屋建筑，秦汉
时多有发现。从实物和文献资料得知，六朝早期的城市都是用
土墙和竹篱，以土筑成城墙，以竹编成城门。《建康实录》引
《宫苑记》曰：当东晋"苏峻之乱，宫室皆焚毁，……其西掖
门外南偏突出一丈许，长数十丈地，时百度多阙，但用茆苫，
议以除官身各出钱二千充修宫城用"，说明当时宫城城门尚有
用茅草覆盖修缮者。《至正金陵新志》云："六门城设竹篱。至
齐帝建元二年，有发白虎樽言：白门三重门，竹篱穿不全。上
其言，改立都墙。"《南齐书·高帝本纪》云：建元二年五月
"立六门都墙"。故知到南齐建元前尚用竹篱做门，建元后始建
砖墙。对照近年来的发现可知，扬州古城在东晋时期仍是版筑
的土墙和砖砌的城门，石头城也是在东晋末年始"加砖累甓"。
镇江古城在东晋末年或南朝初年始用砖，其前仍为土墙，而东

晋末年所用的城砖大小则和南京城相近。因此，南方的城市在东晋末年和南朝初年开始用砖建城，但亦仅限城门部分，同时还存在用竹篱或茅草覆盖的城门，城墙仍悉用土筑。南齐以后的建康城始大量用砖，今存的城墙残迹和石头城上砖砌的部分（非上层明清以后城砖）可作证明。

（4）墓葬的布局和水道的分布，可为确定城址范围提供可靠的线索。六朝时期盛行族葬，皇室与世家大族墓往往单独成一墓区。南京地区已发现的六朝墓葬地点与都城范围则显然是分开的，也就是说这些墓葬当时都在都城范围之外，即使一些特殊身份的皇陵，也只葬在都城近旁。我们所见的南京地区墓葬分布，证实了文献所记六朝都城的范围是可信的。

根据现存的建邺和建康城的水系分布遗迹，亦可以推测当时都城的范围。东吴时开破岗渎、运渎、潮沟、北渠诸河道，其中除破岗渎在城外直通句容、丹阳、苏州等地外，余者均在今南京城内及四郊。至今，东渠（青溪）、潮沟、北渠尚有部分河道遗存。它们在昔日宫城的附近形成一个长方形水道，宽、深和《至正金陵新志》所记台城（即宫城）城壕"阔五丈，深七尺"是相近的。因此，这一水道可能就是台城城壕。当时，建邺和建康城内河道纵横交错，江水可直达石头城和玄武湖。秦淮河和青溪两水源源不断，可以贯通城中诸水，不致水源匮乏。这对当时的交通运输、军事防守和人民生活是十分重要的。所以从水道变迁的遗迹，可进一步推测六朝都城的范围。它们和文献记载相符，亦是可信的。

（5）城市的兴建，必须有一稳定的政治局面和繁荣的经济基础。除去自然方面的因素，如地理环境和水利条件外，十分重要的是要有一个广阔的农业生产腹地，为城市提供可靠的经济来源。特别在封建社会时期，需要就近征集财富和粮食来供养京师大量的官吏和军队，以保证国家机器的正常运转。因此如上所述，孙权定都武昌和建邺的变动，可以证实研究一个城市的兴盛与衰落，其经济条件是必须考虑的一个重要因素。

5. 窑址

魏晋南北朝时期，南方手工业最大的贡献是青瓷器的烧造。1959 年以前，不少人认为江苏出土的青瓷应来自浙江，后来在江苏也发现了六朝青瓷窑址，从而更清楚地知道江浙地区是青瓷发源和烧造之地。浙江上虞曹娥江及其支流两岸窑址遍布，从汉晋到宋共有四百余处，仅吴晋时期作坊已发现四十多处，窑址六七十处。如联江乡鞍山东吴龙窑，全长 13.32、宽 2.1～2.4 米，由火膛、窑室和烟道三部分组成。火膛的平面呈半圆形，底比窑床低 4 厘米，火膛前有用黏土铺成的操作平台。窑室似斜长的甬道，长 10.29、宽 2.1～2.4、墙高 0.3～0.37 米，用黏土砖坯筑成弧形拱顶（图九）。窑室与烟道之间有高仅 10 厘米的一道挡火墙，墙后有一排黏土桩。西晋时，承托坯件的窑具有喇叭形和覆钵形，间隔窑具改用盂形锯齿口，东晋时采用泥点间隔。东吴窑炉主要产品有罐、壶、盆、钵、盒、槅、樽、碗、盘、耳杯、砚、水盂、香熏、唾壶、虎子等日用品，以及镰斗、火盆、炉灶、鸡笼、狗圈、谷仓、碓、礁、磨、米筛等明器。西晋时，又增加扁壶、鸡首壶、狮形烛台等。今上虞南乡，六朝时置始宁县，故"会稽出始宁用此丧葬宜子孙作吏高"铭文的谷仓和"赤乌十四年会稽上虞师袁宜作"的青瓷虎子等，都是吴晋时期上虞越窑的产品。

江苏宜兴汤渡村附近的均山发现吴晋时期青瓷窑址群，分布范围约 0.5 平方公里。在均山窑址发现有残留的窑墩，直径

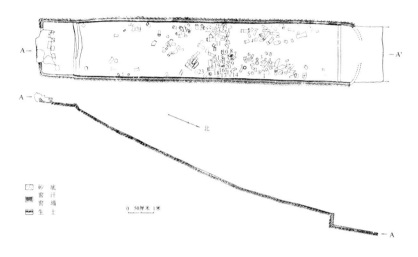

图九 浙江上虞鞍山三国龙窑平、剖面图

1、23. 青瓷罐 2、4、6、8、11、13、15、16、18、19、22. 青瓷碗 3、
5、7、9、10、12、14、17、20. 青瓷碟 21. 青瓷壶

约20、高4米。有的残窑用砖筑成，窑壁上架有石条。出土
有窑垫、垫饼、窑托及筒形、钵形、齿形和钉形窑具等，窑托
中有的带"……年廿二只制"等铭文。出土日用器皿的碎片有
盆、洗、钵、盘口壶、双系罐等。装饰花纹有弦纹、网纹、羽
毛状纹、连珠纹、铺首等。釉色浅绿微黄，或称蟹青色，胎色
黄白。根据釉色分析，是采用还原焰气氛烧成。这种青瓷胎质
细腻、坚硬，吸水率为3%～6%，气孔率为7%～8%，烧成
温度为1160℃～1260℃。有人推测宜兴西晋周氏墓地出土的
青瓷与之相似，很可能就是宜兴均山窑的产品。

上述江浙地区的吴晋青瓷窑址，说明当时已解决了龙窑分
段烧成的问题。浙江丽水吕布坑发现的南朝窑已向装烧面积加

大、窑室券顶跨度缩小的窄长形式发展。故知南方系统的窑室——龙窑，从南朝时就开始走向定型化。宜兴窑址附近的大浦，是太湖西岸的重要港口，其附近曾发现满载青瓷器的沉船，可见这里的产品当时还大量向外输出。

湖南湘阴窑和岳州窑、江西丰城窑（洪州窑）等地所发现的青瓷，与江浙有明显的不同，广东、四川等地出土的青瓷，也和江浙的不同。湖南、广东的胎色呈红色，胎质松软；四川的呈黄绿色，釉色易脱落。主要是因为这些窑址的产品，系采用当地含铝量较高、含铁量较低的瓷土。而江浙青瓷的瓷土较纯，含氧化硅达 77％以上。福建福州和泉州所发现的南朝瓷窑产品经分析，氧化硅高达 86.7％，说明瓷土中石英含量很高，烧出的成品也和江浙越窑不同，具有地方特色。

南方除青瓷窑址以外，尚有浙江德清、余杭等地发现的"德清"窑。它生产的别具一格的日用瓷器以胎壁薄、造型工整、制作精良的黑瓷而著称。虽然其窑址未经发掘，但从分布范围、废墟堆积判断，窑炉亦属龙窑。

（三）东北和北方地区

东北和北方地区包括辽河以东，鸭绿江以北，以及嫩江、辽河以西，长城以北，西迄新疆以东的广大地区。这里的考古发现主要是边疆魏晋十六国时期少数民族和游牧民族及高句丽遗迹。

高句丽时期的城址有平原和山城之分，早期多山城，其后常是下面有平原城，附近山上设山城，如集安平原的国内城和丸都山城。山城中以五女山城年代较早，可能是早期都城——

纥升骨城。其城址遗迹位于桓仁东北7公里的五女山上，下临
浑江。城址南北长1000、东西宽300米，西凭峭壁，南、北、
东三面依山势于凹伏处以板状石块垒筑成墙，城门在南边，城
内有建筑台基和水泉。平原城以国内城为代表，平面呈方形，
周长2686米。城墙用石砌，有瓮城、角楼和垛台，西面有河，
东、南、北三面为城壕。国内城西北2.5公里有丸都山城，南
有霸王朝山城和望坡岭关隘，北有关马墙山城，都是为防御需
要而修建的外城要塞。公元4世纪以后，高句丽繁盛强大，更
构筑大量山城，在现在的金县、盖县、辽阳、抚顺、凤城、柳
河、吉林等地，都因山叠石成墙。公元5世纪，高句丽占据辽
东以后，在今辽阳筑辽东城，形成了由都城、平原城、山城组
成的城郭体系。

北魏迁洛阳前的城址遗迹，在今内蒙古大青山以北，南迄
山西大同一带。拓跋鲜卑南迁匈奴故地，入居塞上。公元258
年，神元帝力微迁定襄之盛乐。道武帝天兴元年（公元398
年）又迁都平城。盛乐故城为汉定襄郡成乐县址，位于今内蒙
古呼和浩特东南和林格尔北10公里处，平面略呈方形，接北
垣建郭城。除汉代遗物外，城内多出北魏瓦件和铁制农具、兵
器以及大量牲畜骨骸和骨器。城东发现一处金银器窖藏，出土
一批兽纹金饰和驼纽"晋鲜卑归义侯"金印、"晋鲜卑率善中
郎将"银印等重要遗物。其中金制的牌饰有"猗𰒎金"三字，
即神元帝力微孙猗𰒎（桓帝）之名。同时，在城北还发现一批
金饰件，工艺水平更高。包括用细金丝编成的管状龙形链饰
等，长约128厘米，上嵌白、蓝、绿等色的琉璃小片，和北票
房身村慕容氏墓所出步摇冠饰相似，是前所未见的新资料。因
此，估计在公元3至4世纪拓跋氏居塞上时亦用步摇作装

饰。

公元 398 至 495 年，北魏建都平城，即今山西大同城区及其附近。这里历年来发现很多建筑遗物，在城北有陶片及"富贵万岁"、"忠贤贵永"瓦当和覆盆础石等，可能是宫城、衙署的遗址。东南郊还出土刻工精致的石砚、银器、铜器以及鎏金铜具和排列整齐的方形础石建筑遗迹，可能是贵族的宅第遗址。在呼和浩特北边大青山旁，有许多北魏小型城址。坝口子村土城可能是白道城址，城内发现北魏晚期石佛背光残片和波斯银币。另外，还有在内蒙古武川的武川镇城址、四子王旗乌兰花的抚冥镇城址、察哈尔右翼后旗的柔玄镇城址、乌拉特前旗的沃野镇城址和包头固阳的怀朔镇城址。这些军镇城址，有的只有南门，有的有南北门，城内防区有高大台基。镇城之北或增建郭城，或阻有河流，有的还建有与镇城相呼应的外围据点。其防御的目的是很明显的。

此外，大夏和吐谷浑城址，前者可见者有公元413年汉奢延城改筑的统万城。城址在今陕西靖边县城北 55 公里，分东西两城，外围有郭城，都用青灰色夯土版筑。东城后建，西城是当时的内城，四面各开一门，外侧建马面，四隅角楼台基较宽，今尚有遗迹，残高 10 米。其附近有花纹方砖和大瓦，当是大夏宫殿遗址，但出土遗物极少，当是勃勃建都后没有改变畜牧经济的缘故。后者可见者有青海湖西岸建都的伏俟城，即今青海共和县铁卜卡古城。城用砾石砌成长方形，东西宽1400 米，北垣已毁。郭内有内墙一道，西部有长、宽近 200米的方形夯筑内城。内城城门开在东壁，城内就西垣建方形台基，是宫殿所在。台基向东有街道直通城门，亦东向，可能是少数民族旧俗，即"以穹庐为舍，东开向日"[2]。古城地面遗迹稀少，说明人民生活仍以游牧为主。伏俟城西通若羌，东连西宁、兰州，处祁连山南中西交通要道。城内发现的许多波斯金币，可为佐证。

（四） 西北地区

西北地区的遗址主要在新疆的吐鲁番、若羌、民丰、库车、拜城、新和一带。吐鲁番县城东南的哈拉和卓（高昌）城，是魏晋戊己校尉治所，前凉时期高昌郡治和北魏以来高昌国都城遗址。县西的雅尔湖古城，是汉以来高昌时期交河郡城遗址。这两处遗址大部分已遭破坏，但在城郊保留了大批墓葬，出土了十分重要的遗物。

鄯善遗迹以若羌和民丰附近的遗迹最为重要，其东北罗布泊西北有夯土夹红柳芦苇枝筑成的古城址。该城平面呈方形，每边长 327～335.5 米。城内东北的土塔，应是寺院遗址所在。城西有许多宅院居住遗址。城中偏西南的建筑遗迹规模较大，出土丝毛麻织品、铜镜片、铜铁镞、五铢钱、陶灯、木制用品等，以及写在木、绢、纸上的汉文、佉卢文、粟特文的各种文书。以汉文文书数量最多，其中有寄给西域长史的函件和西域长史府掾属承办的文件。汉文文书纪年最早的是魏嘉平四年（公元 252 年），最晚的是前凉沿用的西晋纪元——建兴十八年（公元 330 年），可知此城址应是魏晋前凉时期西域长史治所。该城址西北尚有烽燧遗迹，东北有墓群分布，北郊有佛寺遗址。另一处城址海头，位于上述古城址西南 50 公里处，其中曾出土公元 346 年前凉西域长史李柏写给焉耆王的信件，故知此城地名。现城址南有干涸湖床，大概是因当年位此大湖

（海）之端而得名。距海头遗址西南百里的米兰，有很多寺院遗址、佛殿废墟和带彩绘壁画的佛塔，惜近年来已遭到严重破坏。

距若羌西 500 公里的民丰遗迹，分布于尼雅河两岸，建筑物分散，多为成组的居住遗迹。这种布局和成组建筑遗址的等级差别，反映当时的统治者和被统治者的关系。有一处大型居址经过清理，南北长 9.75、东西宽 5.5 米。大门后设甬道，通向大厅。大厅内沿壁砌有 1 米宽的土炕，厅中央立木柱，柱下有木础。甬道大厅的地面和炕上发现佉卢文木牍，还有鲜艳的提花毛织物残片和带羽的残箭杆。在其他一些大型居住址内外，发现各种木器，如牲畜颈栓、大木笾、木刷、大小木勺、木俑、木楦头、纺轮等。另外，还有铁镰刀、铜镜、五铢钱和各种陶器、骨角器及成堆的粟粒、麦穗、干萝卜、盐块等。在被破坏的居住房屋中，尚可看到有的厅堂里绘有卷花图案的壁画，房屋外面的花园中有干枯的桃、苹果、梅、杏等果树和桑树、白杨树等。遗物有雕刻立狮状腿的残木椅、残六弦琴和几何纹样的毛毯等。以上情况显示出这里曾经出现过多品种的农牧生产和手工业品的制造。但极为可惜的是，这里被盗去七百多件佉卢文写的印度俗语的木牍、帛书、羊皮文书和四十八枚汉文木简，其中有晋泰始五年（公元 269 年）纪年文字。这些文书都是当时鄯善官吏的公文、私人往来的函件和契约、簿籍及与佛教有关的各种记录。特别是公文中有敦煌太守和凉州刺史的文书，西域长史营转写来的晋朝诏书和晋朝给鄯善、焉耆、龟兹、疏勒、于阗等国国王诏书的抄件，还有河西州郡行文关于逮捕犯人的文书和敦煌太守发给过所及关吏所记录的过所底簿等。这些文书充分反映了西晋王朝政令范围之所及，并为公元 3 至 4 世纪鄯善历史的研究提供了重要的线索。

库车、拜城、新和一带是自汉以来龟兹的中心，现存的城址有唐以前的龟兹都城，在今库车旧城东沁色依河东岸的皮朗古城。城址平面略成方形，周长 7 公里，东、北、南三面保存较好，为夯筑土城，东垣外设马面，间距 40 米。乌恰河贯穿城内，流向西南。城内有很多高大的夯土基址，其中哈拉墩南北长 25、东西宽 15、高 3.2 米，可能是王宫所在，其余基址应是寺院。《晋书·西域传》记龟兹城郭有三重，但已不能辨认。今新和之西的于什加提古城和之南的羊达克沁大城有三重城址，均为夯筑。内城起伏的土墩是官衙基址。于什加提城内的内城至中城相隔 60 米，中城至外城相隔 240 米。羊达克沁城较大，内城周长 510 米，外城周长 3351 米。这种三重城的结构，也反映当时防御侵略和内部阶级关系紧张的状况[3]。

注　释

[1] 中国社会科学院考古研究所经过了三十余年的考古勘探与发掘，对北方都城的研究取得了丰硕的成果。此处所用资料均系该所整理的论文报告。参见《魏晋南北朝文化》，学林出版社 2000 年版。

[2]《后汉书·乌桓传》卷九十，第 2979 页，中华书局 1973 年点校本。

[3] 中原地区矿冶遗址、窑址，东北和北方地区城址，西北地区城址等资料均见《中国大百科全书·考古学》有关条目，中国大百科全书出版社 1988 年版。

三 石窟寺和佛教遗存

石窟寺和佛教是分不开的，一般说在河畔山崖开凿的佛教寺庙，简称石窟。但也有在城市附近建立的寺庙，并不是依山开凿的石窟。许多石窟寺洞窟密集，又称千佛洞。佛教石窟渊源于印度，中国石窟的开凿时代约在公元 3 世纪，盛于公元 5 至 8 世纪。中国石窟可分为七类：（1）窟内立中心塔柱的塔庙窟；（2）无中心塔柱的佛殿窟；（3）僧人生活起居和禅行的僧房窟；（4）塔庙窟和佛殿窟中有大佛的大像窟；（5）佛殿窟内设坛置像的佛坛窟；（6）僧房窟中专为禅行的小型禅窟（罗汉窟）；（7）小型禅窟组成的禅窟群。这里着重介绍魏晋南北朝时期的石窟和寺庙、造像等遗存，有一些古代寺塔建筑也附在此处说明。

（一）新疆地区

其石窟寺的分布自喀什向东的塔里木盆地北沿，集中在以下三个地区：（1）古龟兹区——在今库车、拜城一带；（2）古焉耆区——在今焉耆回族自治县七个星一带；（3）古高昌区——在今吐鲁番附近。

拜城东南六十余公里的克孜尔石窟，窟名是维吾尔语的译音，意为"红色"。洞窟凿于木札提河北岸明屋达格山的峭壁间，现存 236 窟，分布在山谷的东、西部及谷内和后山四处，保存较完整的占三分之一，但泥塑彩绘造像全毁。没有发现纪年资料，据洞窟形制、壁画题材和艺术风格，并经碳十四测定，主要是公元4至8世纪的遗存，分为早、中、晚三期。这是古龟兹境内现存规模最大的石窟群，也是龟兹石窟的典型代表。此石窟发现于19世纪初，1903年曾遭日本人盗掘，1906年又遭德国人破坏。1928年，黄文弼先生做过调查，编号140个洞窟。1953年，新疆文物调查组则进行了全面勘察。现据调查、勘察和清理结果可知，早期洞窟建于公元4世纪，以中心柱窟、大像窟和僧房窟为主，以后者数量最多。其主室平面作方形或长方形，横券顶，主室门道两侧壁面下部，分别有壁炉式灶坑。僧房窟不画壁画，系供僧人居住。大像窟数量少。其主室宽大，券顶，正壁塑巨大立佛，左右侧壁亦塑佛像。后室顶部往往有伎乐飞天壁画，壁下凿涅槃台，上塑大涅槃像。中心柱窟主室平面为方形或长方形，后壁凿一圆拱形龛。其主室券顶壁画以天相图为主，有日天、月天、风神、蛇形龙、立佛和金翅鸟，两侧则绘本生故事和因缘故事。主堂左右侧壁绘释迦教化事迹，前壁绘交脚菩萨说法图，其他壁位则多为涅槃像、荼毗焚棺图等。中期洞窟建于公元5至6世纪，继续沿用早期洞窟，但僧房窟减少，平面多为方形，诸壁则多绘壁画。中心柱窟出现新形式，不同类型、不同功能的石窟形成一种组合关系，但是以中心柱窟为主。壁画多集中于中心柱窟，以天相图为主要题材，仍有本生故事、因缘故事，但出现须摩提女请佛、降魔、鹿野苑初转法轮等题材。立佛像是甬道壁画的主要内容，大幅说法图等也是早期洞窟所不见的。晚期洞窟已到隋唐时期，此处不述。

　　库车境内还有克孜尔朵哈石窟、库木吐喇石窟和森木塞姆石窟,开凿时间均较克孜尔石窟晚。库木吐喇石窟在库车西南30公里处,窟名意即"沙漠中的烽火台"。窟群分南北两区,北区有80个洞窟,南区有32个洞窟,保存较好的不到一半,也不同程度地遭到后人的破坏。早期洞窟建于公元5至7世纪,主要是中心柱窟和方形窟两种。壁画题材多为日天、月天、金翅鸟、立佛等天相图,其余多为本生故事、因缘佛传等。其风格与克孜尔石窟中期洞窟十分接近,具有显著的龟兹特色。中、晚期洞窟年代为公元8至11世纪,此处不述。

森木塞姆石窟在库车克内什村西北,是古龟兹东部最大的石窟。因石窟分布在一条河谷口内,有泉水渗出,故得名森木塞姆,意为"渗出的丝丝泉水"。其分布范围约长800米,分为东、南、西、北、中五区,编号有52窟,大部分是礼拜窟,又称佛堂。由前室、主室、行道组成,各壁面均有彩色壁画,正面塑有佛像,后室有佛涅槃与焚化像。壁画题材丰富,有佛前世本生故事、佛传、佛游化说法、佛涅槃、礼佛、乐舞供养、供养人像和山林景观图案等等,具有浓郁的龟兹艺术风格,显然受到中亚和印度艺术的影响。龟兹时期石窟很多,与其国王崇佛有关。公元11世纪,因伊斯兰教传入,佛教石窟的数量大为减少。

古焉耆区和古高昌区石窟以吐峪沟石窟和柏孜克里克石窟为代表。吐峪沟石窟在鄯善县西南40公里,开凿于公元5世纪,是吐鲁番地区年代较早的石窟。其分为东南和西北两区,有上下两层石窟,大部分坍毁,仅存八窟,尚可见部分壁画。壁画题材有因缘佛传图、立佛、千佛、七佛、禅僧和佛本生故事等,人物用墨线勾轮廓,尚有汉文墨书题记,和中原、北方地区石窟风格相似,如东南区第4窟、西北区第3窟等。

柏孜克里克石窟在吐鲁番东北 50 公里处，窟名意为"美丽的装饰之所"。它主要是公元 9 世纪后高昌时期（回鹘）遗迹，此处不述。

吐峪沟石窟和哈拉和卓古城附近的古塔中，发现不少公元 3 至 6 世纪的写经。其中有多卷沮渠安周称凉王时（公元 444~460 年）的供奉物，还发现承平三年（公元 445 年）"沮渠安周造寺碑"，得知在高昌兴建尊崇弥勒的佛寺。公元 460 年，沮渠氏为柔然所灭，其后统治者仍崇信佛教。这从吐鲁番发现的柔然永康五年（公元 468 年）写经可以得到证明。库车皮朗古城东北著名的雀梨大寺保留了规模颇大的遗址。它位于古城东北 13 公里苏巴什村北的铜厂河两岸，建于公元 4 世纪。东寺址主体建筑的东、南、北三面围墙保存完好，东墙尚有马面，围墙内有六组建筑，为佛塔、佛殿、僧房。西寺址没有围墙，南侧有墓地，北侧有僧房窟群，窟壁上有坐禅高僧的影像。这都是龟兹自古以来流行小乘佛教的特点。僧人墓地多次被盗走精致的舍利圆盒。盒为木胎，贴麻布，施彩绘，并贴金箔，再刷以透明油质涂料。现存日本东京的一件盒盖上绘执箜篌、琵琶、笛等乐器的有翼童子四人，盒外壁还绘戎装舞者七人，其中二人戴猪头面具。所绘人物形象优美生动，属龟兹的珍贵工艺品，也是研究"管弦伎乐鄯善诸国"龟兹伎乐的宝贵资料。

此外，新疆西部尚有巴楚东北的脱库孜萨来依寺院遗址。其建于公元 4 至 5 世纪，曾出土完整的塑像和壁画。

（二）中原和北方地区

此地区包括新疆以东、黄河流域以北，至长城内外的广大地区。这一地区石窟寺数量最多，内容复杂，是中国的主要石窟寺分布地之一。现按地区分述如下：

1．河西区

即甘肃黄河以西。其中最著名的是甘肃敦煌莫高窟，简称敦煌石窟，是莫高窟、西千佛洞的总称，有时也包括安西万佛峡的榆林窟，但一般仅指莫高窟。它位于敦煌东南25公里鸣沙山东麓断崖上（图一〇）。据文献记载，洞窟开凿于前秦建

图一〇　甘肃敦煌莫高窟外景

元二年（公元366年），南北朝一直到隋唐宋元，历代不断增修。在南区近千米崖面上，上下多达五层，有492个窟，现存

壁画约 4.5 万平方米，彩塑 2400 躯。其可分为北朝、隋唐、五代、宋元四个发展时期，是我国历史最长、规模最大的石窟，在世界上也占有重要的地位。清代学者对莫高窟的兴建和发现有完整的记录。1900 年，道士王圆箓发现"藏经洞"，获写经、文书和文物上万件，引起世人瞩目。1907 年以后，英、法、日、俄、美等国在此盗掠大批文物，使敦煌石窟遭受巨大损失。1944 年始，成立国立敦煌艺术研究所；1951 年更名为敦煌文物研究所；1963 年至 1966 年，进行了大规模的维修加固；1963 年至 1966 年、1979 年至 1980 年不断进行考古发掘和整理研究，又发现了不少窟前建筑遗址、洞窟和文物。现仅对北朝时期的洞窟作一介绍。此期共有 36 个洞窟，时代为北魏、西魏、北周和北凉时期。窟形主要有三种：（1）主室两侧有小禅室的禅窟，如第 285 窟，建于西魏大统四年（公元 538 年）；（2）"中心柱窟"，是北朝的典型窟形；（3）方形平面的"覆斗顶窟"，始建于北魏末、西魏初年，其中主像是释迦牟尼或弥勒，两侧为二胁侍菩萨像。此外，还有释迦多宝并坐像、菩萨像和禅僧像等。北周时又出现二弟子，成为一佛、二弟子、二菩萨一铺的组合。塑像背部与壁面相连，个别较小的菩萨头部为模制后接在躯干上，四壁上部贴有影塑千佛、供养菩萨和飞天等。窟内满绘壁画，有天宫伎乐、药叉和各种装饰花纹，突出的是佛传、本生和因缘故事。北周时期，这类题材增多，佛传故事除降生、出游四门、降魔、初转法轮外，还有连续长幅的佛传故事画，多为横卷连环画的形式。北魏时，常以土红色为地，用青、绿、赭、白等色敷彩，颜色热烈厚重。西魏以后，多以白色为地，色调趋于清新雅致。北朝佛教重视禅行，故石窟内容多与坐禅观佛的活动有关。

榆林窟位于安西南 70 公里，在榆林河东西两岸的万佛峡，现有 41 窟，始凿于北魏，延到宋元。洞窟形制亦分三种：（1）中心柱窟，是北魏时常见窟形；（2）平面为方形或长方形的覆斗顶窟，主室中央无佛坛，隋唐常见；（3）平面椭圆形大佛窟，窟中壁画题材、风格与莫高窟同期相同。

此外，还有玉门昌马石窟、酒泉文殊山石窟、肃南金塔寺石窟和武威天梯山石窟等。它们都保存了公元 5 至 6 世纪的遗迹。天梯山可能是凉州石窟的遗迹。酒泉石佛寺湾子遗迹曾出北凉时期大覆钵粗相轮式的小石塔七件，其中有承玄元年（公元 428 年）造"释迦文尼得道塔"。塔基下线雕供养菩萨、力士和八卦符号，并刻《增一阿含·结禁品》的经文和发愿文。其中的八卦符号，似与中国早期佛教和道术相通有关。

2．河东区

即甘宁黄河以东。其中较重要的是位于甘肃永靖西南 35 公里小积石山中的炳灵寺石窟。炳灵是藏语译音，意为"十万佛"。现存较完整的有 195 窟，分为三处，集中在下寺附近，共有彩塑和石雕像 776 尊，壁画九百余平方米，摩崖石刻四方，纪年铭文六处。据考，开窟始于西秦，经北魏、北周、隋、唐直至元明。现按时代介绍。

（1）西秦时期

仅存两窟。如第 169 窟，深 19、宽 27、高 14 米，其中许多小龛塑一佛、二菩萨，佛背光上绘伎乐飞天（图一一）。四壁绘有佛像，旁有墨书榜题和发愿文。其中"建弘元年岁在玄枵三月廿四日造"字样，是我国现存最早的开窟纪年题记，为十六国末期。其发现为石窟断代提供了重要标尺。有的龛内绘供养人像，如西秦高僧昙摩毗（即昙无毗）像。其窟内底层有

图一一　甘肃炳灵寺石窟第169窟西秦说法图壁画（局部）

一佛一菩萨壁画和"释迦文佛"题名，也是最早的遗存。还有石胎塑像，袈裟质感轻薄，衣纹贴体，为早期佛像特征。

（2）北魏时期

共33窟，多为晚期遗存。平面呈方形或长方形，壁下有低坛基，上雕佛和菩萨像。第126窟有北魏延昌二年（公元513年）造像铭刻。第169窟内有坐佛塑像一尊，两旁立一菩萨和一金刚力士。这种组合仅此一例。其内存延昌三年（公元514年）墨书题记，可知凿于北魏。其余各窟佛像风格特征鲜明，面部长而瘦削，小眼、薄唇、细颈，形体修长，略含笑意。服饰多为褒衣博带式，袈裟下摆衣褶密集下垂。菩萨宝冠高耸，帔帛交叉。

（3）北周时期

此期石窟数量较少。其窟内凿出高坛基，造像为三佛，两侧各有一尊胁侍菩萨。洞窟形制虽与北魏相同，但造像风格已明显不同，面相渐趋方圆，衣纹服饰也更趋写实。

此外，尚有天水麦积山石窟、固原须弥山石窟、庆阳平定川石窟、庆阳南北石窟寺。固原、庆阳的石窟始凿于公元6世纪，天水麦积山石窟则和炳灵寺石窟的一样，始凿于公元5世纪。庆阳南北石窟寺，在甘肃陇东。北石窟寺在县西峰镇25公里的蒲、茹两河交汇处的覆钟山下，始建于北魏永平二年（公元509年），其后西魏、北周、隋唐至宋屡有修凿。南石窟寺在近庆阳的泾川县东7.5公里泾河北岸，始建于北魏永平三年（公元510年）。两处相距45公里，均为泾州刺史奚康生创建。北石窟寺共有窟295个，雕像2100尊，比较集中的在高层的峭壁上，是陇东地区保存最多的一处石窟群，以北魏和唐代石窟最佳。北魏洞窟内有的有中心塔柱。第165窟是永平年间开凿的一个大窟，深15.7、宽21.4、距地13.2米。低坛上有七佛立像，均高8米。立佛间尚有胁侍菩萨十尊，均高4米。还有各种菩萨、天王坐像、浮雕千佛像和本生故事的大面积浮雕（长15、高2米），气势雄伟，极为罕见。南石窟寺编号五窟，仅第1窟保存完整，深13.2、宽13、高11米，亦有各种造像。窟内所存奚康生在永平三年所立的南石窟寺之碑，今存泾川县文化馆。

山西大同和内蒙古固阳有较重要的佛寺遗迹，如方山永固陵前以佛塔为中心的思远佛寺遗址和大同东门外御河东岸的北魏佛寺遗址，皆出土了很多佛像残件，其中有贴金敷彩痕迹。固阳城库伦古城西北的北魏遗址中，还发现壁画残片。这座古城被考订为护卫平城北魏六镇之一的怀朔镇城址。故知北魏建都平城时其附近的佛教寺院，亦开山凿窟造像，寺内则绘壁塑像。这大概是当时的佛教制度所定。

3．陕西区

主要有彬县大佛寺石窟、耀县药王洞石窟，开凿于公元7世纪，少数开凿于公元6世纪。其时代较上两区为晚。这里不述。

4．晋豫及其以东区

以公元5至6世纪北魏皇室开凿的山西大同云冈石窟及河南洛阳龙门石窟和巩县石窟为代表。

云冈石窟位于山西大同市城西16公里武州山南麓，现存53窟，1100个小龛，51000尊造像，分东、中、西三区。大窟多建于北魏中后期文成帝和平初年至孝文帝太和十八年（公元460～494年）间，较小窟则延续到孝明帝正光末年，一直到唐、辽时期。云冈石窟是北方地区开窟年代以北魏为主体的石窟，与敦煌石窟、龙门石窟并列为中国北朝三大石窟。

云冈北魏石窟分为早、中、晚三期，现分述于下：

（1）早期

系位于云冈中部石窟群中的昙曜五窟。其立像以三世佛为主，形体高大，面相方圆，深目高鼻。从衣着及璎珞装饰和造像特点中可以看到犍陀罗艺术的影响。第19窟主像高16.8米，20窟主像高13.7米，为云冈石窟的代表作。

（2）中期

位于云冈中区及东部，主要有五组，开凿于文成帝以后至迁都洛阳前（公元465~494年）。石窟平面多作方形，造像题材多样，大像减少，出现世俗供养人行列。在太和十三年前后，出现褒衣博带式佛装，菩萨戴花冠，着帔帛，裙摆飞扬。飞天穿短衫，不露足。题材突出释迦和各种佛像及供养天人等。第9、10窟是组双窟，为太和八年至十三年建，出现了仿木结构的窟檐、屋形龛等中国传统建筑形式，是最早的范例。第5、6窟主像，已着褒衣博带式佛装，这和孝文帝实行改革，服饰汉化有关。大型连续佛传故事雕刻也在第6窟中出现。

（3）晚期

开凿于迁都洛阳后至正光末年（公元494~524年），多为不成组的小窟。佛的面容清瘦，长颈，削肩，着褒衣博带式佛装，衣摆褶纹增多。菩萨着短衫，帔帛交叉，裙摆呈锯齿状，并向外伸展。飞天着短衫，大裙曳地。龛楣、帐饰日益繁复。此期窟龛有四种类型：①塔洞，窟中雕塔成方柱，壁面多千佛龛；②千佛窟；③四壁三龛式中小窟，后壁主像多为释迦、多宝，也有释迦龛；④四壁重龛式中小窟，主像多为上龛弥勒，下龛释迦。从铭记中可知窟主身份，早中期有皇室和上层官宦，晚期仅有将军、太守，更多的是无官职的信徒。由此反映出迁都洛阳前后北魏的佛教信仰已得到普及。延昌、正光年间的铭记中，出现有乞求托生西方净土世界的要求。

龙门石窟在河南洛阳南13公里伊水两岸的东、西山上。开创于北魏迁都洛阳（公元494年）前后，历经东西魏、北齐、隋唐至宋，其中北魏时期开凿的占三分之一。代表性洞窟有北魏古阳洞、宾阳洞、莲花洞和唐代潜溪寺、奉先寺、看经寺等。共存窟龛2100个，造像十万余尊，碑刻题记约3600品，佛塔四十余座，是我国石窟寺中北魏晚期和唐初的代表。

下面仅介绍北魏洞窟。

古阳洞正壁为一佛、二菩萨，左右各有三层龛像，是北魏迁都后的造像，其中以太和十九年（公元495年）长乐王丘穆亮夫人尉迟造弥勒像铭为最早。宾阳三洞是北魏后期代表石窟，正壁列一佛、二弟子、二菩萨，是典型的五尊像组合。前壁著名的"帝后礼佛图"，已被盗劫国外。窟顶雕莲花和伎乐天，门外侧雕二力士、伎乐天。莲花洞亦为晚期石窟，以一佛二弟子三尊像、高浮雕莲花藻井和繁复精致的佛龛装饰而驰名，与古阳洞、宾阳中洞并称龙门北魏三大窟。北魏后期洞窟形制，一种继用云冈石窟中昙曜五窟马蹄形平面、穹隆顶的草庐形式。另一种是方形平面，左右壁开大龛形式。造像多为面容削瘦的"秀骨清像"，着褒衣博带式装，衣褶层叠稠密，衣裙垂蔽方台座或束腰须弥座。题材以三世佛为主，或释迦一铺像，其组合有一佛、二菩萨，一佛、二弟子、二菩萨、二力士，一佛、二弟子、四菩萨，一佛、四菩萨等。大型世俗供养人行列，以宾阳中洞"帝后礼佛图"最为典型。各洞中尚有佛传和本生故事、维摩变和涅槃等浮雕，各具特色。在雕刻手法上，由云冈石窟的直平刀法向龙门石窟的圆刀法过渡，艺术风格也从云冈的浑厚粗犷向龙门的优雅端庄转变。东、西魏造像大都是在北魏洞窟上补刻小龛而成，装饰渐趋简化。北齐武平年间，无量寿佛始称阿弥陀佛，造像变得矮胖壮健，隆胸、宽肩，有厚重感，衣褶简洁，雕法多用圆刀，是自北魏向唐代造像过渡的表现。龙门石窟北魏造像中国化、世俗化的趋向，是迁都洛阳后，受黄河流域汉文化影响，在云冈造像基础上发展而成的。它具有鲜明的民族特点和风格，在中国佛教艺术的发展进程中起了承上启下的作用，是值得注意的。

龙门石窟题记是全国石窟中最多的一处，不仅记载了其开凿的历史背景，而且以龙门二十品为代表的大量造像记，代表了当时书法的艺术风格和水平。此为唐初之作，不述。

巩县石窟在河南巩县东北7.5公里洛水北岸大力山下，创建于北魏晚期。北魏孝文帝在此立伽蓝，宣武帝景明年间开凿石窟。现知最早造像题记是北魏末普泰元年（公元531年），后来东西魏、北齐、隋唐又继续开凿。现存共5大窟、328龛、七千七百多尊造像及186方铭刻。石窟平面均为方形，其中四窟有中心塔柱，四面凿龛设像，顶部刻伎乐飞天、莲花等浮雕。造像面型方圆，衣纹疏朗，纹饰简洁。题材有千佛、释迦多宝对坐、维摩文殊和三世佛等。基坛刻十神王、怪兽和伎乐。第5窟入口左壁有著名的龙朔二年（公元662年）刻"后魏孝文帝故希玄寺之碑"。第1窟最大，入口处力士手持金刚杵，勇武刚健。中心窟两侧有"礼佛图"，反映了北魏崇佛之盛。其构图紧凑，人物生动，为现存巩县石窟中最为完美的雕刻。窟内北龛发现的"上仪同开国县开国侯郑毂赠开府陈州刺史息乾智侍佛时"等题记，为北周时补刻。

此地区尚有公元6世纪开凿的邯郸响堂山石窟，公元6至7世纪开凿的渑池鸿庆寺石窟、济南黄花岩石窟和公元7世纪初开凿的安阳宝山石窟。其中响堂山石窟位于河北邯郸市峰峰矿区鼓山，包括南响堂、北响堂和小响堂三处。石窟开凿于北齐文宣帝高洋时（公元550～559年），共有石窟17个，造像四千余尊。其中北齐天统四年（公元568年）至武平三年（公元572年）所刻维摩诘经等重要石刻，是研究北齐佛教艺术和佛教史的重要资料。响堂山北齐石窟平面多呈方形，平顶，分中心塔柱式和三壁开龛式两种。前者多在窟前雕建带有檐柱的前廊，并刻出仿砖木结构的檐瓦和椽、枋、斗栱。檐间龛内雕天王、力士等像，覆钵式塔顶以忍冬和火焰宝珠组成塔刹，形成独具特色的塔形窟。北响堂石窟以第 7 窟为代表，规模最大，雕刻最为精美，造像以一佛、二菩萨为主，也是响堂山最大的造像。该窟原有礼佛行列，惜已被毁。南响堂石窟亦以第 7 窟为代表，窟外存有檐柱、斗栱和屋檐雕刻，窟内三壁开龛，均为天幕状。平顶上饰山华蕉叶，两侧刻垂幔，下为饰壶门的宝床，居中为宝炉，龛内雕一佛、二弟子、二菩萨，藻井有飞天伎乐及宝珠等图案。

中原和北方地区是我国佛教遗存比较集中的地区，除上述石窟寺外，还有一些造像和寺院遗迹。中原地区发现最早的佛教遗物，是十六国时期的鎏金铜像，有着浓郁的中亚风格，后赵建武四年（公元 338 年）铭的释迦坐像和陕西三原出土的菩萨立像最具代表性。北魏迁洛后，又流行造像碑，分为扁体碑形造像碑和四面体柱状造像碑两类，以前一类最多。北魏时期注重佛塔的寺院布局，河北定县发现太和五年（公元 481 年）塔基石函，函盖铭记孝文帝"造此五级佛图……原国祚延长，永享无穷……"，可见当时重视佛塔的情况。熙平元年（公元 516 年）胡太后所建洛阳永宁寺，是现知南北朝时期惟一可以大体复原的佛寺遗址。现存北魏时期登封嵩岳寺塔，原也是该寺的重要建筑。此塔建于正光四年（公元 523 年），十二边形，高 39.5 米。塔身分两段，上段为十五层密檐，下段为素平墙面，流线型外轮廓，十分秀丽。它的艺术造型和施工工艺都达到很高水平，是我国现存最早的砖塔。1996 年 10 月，山东青州龙兴寺遗址佛教造像的发现，被评为当年重大考古发现之一。其窖藏的四百余尊佛教造像，造型生动，色彩绚丽，石刻

图一二　山东青州龙兴寺遗址出土北魏胁侍菩萨石像（残）

表面贴金绘彩（图一二、一三）。其中的佛陀主像，金面玉衣，妙像庄严，突出呈现了北魏佛教石刻的艺术特色和时代风貌，且其中不少都标识纪年，为这一时期石雕艺术的断代提供了重要依据，确是罕见的古代艺术精品。

（三）南方地区

南方地区指长江流域及其以南地区。这一地区石窟数量不多，摩崖龛像多于开凿的洞窟，主要有凿于公元5至6世纪之际的江苏南京栖霞山石窟和浙江新昌石城山剡溪大佛、四川广元公元6世纪石窟等。栖霞山石窟位于南京东北20公里栖霞

图一三　山东青州龙兴寺遗址出土东魏彩绘菩萨石像

山下，南齐处士明僧绍舍宅为寺。石窟造像开凿于齐永明二年（公元 484 年），迄梁天监十年（公元 511 年）不断。其间"僧绍之子仲璋为临沂令，于西峰石壁凿造无量寿佛，坐身高三丈二尺五寸，通座四丈，并二菩萨侍，高三丈三寸，大同六年（公元 540 年）龛顶放光。齐文惠太子、豫章文献王、竞陵文宣王、始安王遥光及宋江夏王霍姬、刘田奂等竞凿石像，梁临川靖惠王复加莹饰"（《江总·栖霞寺碑》）。故知现存大部分石窟佛像均为齐梁时物，仲璋所造大像，今仍存"三圣殿"内。隋文帝时在栖霞寺建舍利塔，"前设导引佛二，各高丈许，亦以白石为之，像貌衣缕，谓有顾恺之笔法"（《摄山志》）。现此两立佛已移至"三圣殿"前。全部石窟佛龛为 294 个，造像515 尊[1]。其整体布局、总体装饰、佛座背光、佛像服装，显然和同期的云冈、龙门等北方石窟不同。由于所有造像在 1924 年被栖霞寺主持僧人若舜用水泥修补，全失精神，惟"三圣殿"前二立佛未被修补，虽为隋代作品，但从中尚能看出原有风貌，慈悲和蔼，神气充足，代表了南朝圆润细巧、秀丽典雅的雕刻作风，和北魏造像迥然而异。此处石窟隋唐至宋明虽仍有开凿，并有题刻直至清代，但为数不多。其大部分佛龛均为一尊主佛、两个弟子或两个菩萨，少数佛座下有"狮子听道"，窟门两侧有天王、力士雕像。

栖霞寺始建于南齐，梁时最盛，隋唐不衰，自后直到明清，仍为南方名寺之一，现虽修复，已非旧观。"南朝四百八十寺，多少楼台烟雨中"。据统计，现尚有 226 寺有名可考。

江苏徐州云龙山兴化寺内，有一组造像，计二百五十余尊，年代以唐为多。其中最大一尊半身石佛，高 10.7 米，系北魏正平元年（公元 451 年）开凿，是南朝时期江苏境内惟一的北魏造像。

浙江新昌石城山剡溪大佛建于永明四年（公元486年），完工于天监十五年（公元516年），原在窟前接有木构殿阁，和北朝石窟有别。

四川广元古栈道的崖面上多凿窟龛，早期的造像与中原北魏晚期类似，如皇泽寺第9窟和巩县、固原的塔庙窟极为接近，显然受北方影响。广元皇泽寺千佛岩现存窟龛四百余个，造像七百余尊，自南北朝迄元明皆有开凿，以唐代为最多。

在成都西门外万佛寺遗址中发现一批重要的石造像，包括南朝至唐的作品，总数达二百余尊（图一四）。万佛

图一四 四川成都万佛寺遗址
出土南齐无量寿佛石像

寺创建于东汉，梁时称安浦寺，武帝子鄱阳王萧恢曾于该寺造释迦佛一尊，现已无存，尚存者有梁武帝纪年造像五尊。其中普通四年（公元523年）佛弟子康胜释迦文石像的发愿题记中，有"愿现在眷属常安稳舍身受形，常见佛闻法，及七世父母合一切有形之类，晋同此愿，早得成佛，广度一切"之句，可知南朝舍身归佛思想已深入民间。同时，还有各种释迦像、观世音菩萨像、供养人像等。此地齐梁时期造像组合比较复杂，如一立佛、四弟子、四菩萨、二天王的形式，在中原地区

较少见。这些石造像，面形方正，潇洒秀丽，装饰繁细，通肩衣多褶襞，无袒右肩衣，具有地方特色。和广元皇泽寺造像联系起来，反映出在四川一带南北造像风格的交流和融合。

南方单独雕铸的佛像，现存最早的是刘宋遗物，如四川成都出土元嘉二年（公元 425 年）净土变石刻和传世元嘉十四年、元嘉二十八年两件释迦鎏金铜坐像。刘宋造像较同时和稍后的中原北方造像更为清秀，到公元 5 世纪末始向庄重端雅发展，可以四川茂汶所出齐永明元年（公元 483 年）无量寿佛和弥勒佛石刻为例。南朝佛像突出无量寿佛和弥勒佛，反映人们对西方净土的祈求和对弥勒成佛后世间安宁的向往，和当时北方重禅观而流行释迦等形象有所不同。

总之，从上述各个地区的石窟寺分布、佛像的雕刻、佛寺遗址和佛教遗物的出土情况来看，各具特点，但又相互影响。公元 5 世纪初，北方和新疆地区有一定关系。公元 5 世纪末，南方造像又影响北方。公元 6 世纪中，中原石窟又影响到西南，隋唐以后则渐趋一致。这显然和佛教艺术自西向东流传，以及后来各地石窟龛像在发展演变过程中，虽具地方特征，又受到全国主要政治、文化中心的影响，产生交流和融合的现象是分不开的。（本节资料主要取材于《中国大百科全书·考古学》"三国两晋南北朝考古"有关条目）

注　释

[1] 此为向达先生 1925 年 12 月实地考察所统计。今南京建筑工程学院汪永平、潘庆林两人重新测绘，编号为 254 龛，造像 526 尊（见表一、二、三）。

表一 三圣殿石窟基本状况表

窟 号	佛像数目	现 状	
1	9	水泥涂抹	嘉靖乙巳题刻
2	12	水泥涂抹	
3	5	水泥涂抹	万历廿七年题刻
4	5	水泥涂抹	有题刻
5	7	水泥涂抹	
6	7	水泥涂抹	题刻模糊
7	7	水泥涂抹	
8	5	水泥涂抹	
9	7	水泥涂抹	
10	1	水泥涂抹	
11	1	水泥涂抹	头毁
12	1	水泥涂抹	像仅半截
13	7	水泥涂抹	头毁
14	7	水泥涂抹	头毁
15	3	水泥涂抹	头毁
16	7		头毁
17	3	水泥涂抹	剩一尊
18	3	水泥涂抹	头毁 民国题记
19	19		部分头毁 万历壬午题刻
20	5	水泥涂抹	部分头毁
21	5	水泥涂抹	头全毁
22	无		万历壬午碑刻 万历庚子碑刻
23	7	水泥涂抹	剩五尊
24	7		头全毁
25	13	水泥涂抹	万历庚子题刻
26	31	水泥涂抹	
27	无		
28	1	水泥涂抹	
29	9	水泥涂抹	
30	1	水泥涂抹	
31	3	水泥涂抹	
32	1	水泥涂抹	无头
33	2	水泥涂抹	一尊无头

续表一

窟　号	佛像数目	现　　　　状
34	1	水泥涂抹　无头
35	3	水泥涂抹　一尊头残
36	8	水泥涂抹　头残
37	1	水泥涂抹
38	1	水泥涂抹
39	1	水泥涂抹　无头
40	1	水泥涂抹　无头
41	1	水泥涂抹　残缺
42	1	水泥涂抹
43	1	水泥涂抹　无头
44	1	水泥涂抹　无头
45	1	水泥涂抹　无头
46	1	水泥涂抹　无头
47	10	水泥涂抹　部分无头
48	1	水泥涂抹　无头
49	1	水泥涂抹　无头
50	1	水泥涂抹　残缺
51	1	水泥涂抹　头残缺
52	1	水泥涂抹　头残缺
53	3	水泥涂抹
54	1	水泥涂抹
55	1	残缺
56	1	完整　在悬崖上

表二　　　　纱帽峰石窟基本状况表

窟　号	佛像数目	现　　　　状
1	3	水泥涂抹　两尊无头
2	3	水泥涂抹　一尊无头
3	1	水泥涂抹　无头
4	5	水泥涂抹　无头
5	1	水泥涂抹　无头
6	1	水泥涂抹　头残

窟　号	佛像数目	现　　状	
7	1	水泥涂抹	头残
8	1	水泥涂抹	头残
9	1	水泥涂抹	无头
10	1	水泥涂抹	无头
11	1	水泥涂抹	面部风化
12	3	水泥涂抹	头残　万历庚子题刻
13	1	水泥涂抹	风化头毁
14	3	水泥涂抹	风化头残
15	3	水泥涂抹	无头
16	1	水泥涂抹	无头
17	无	水泥涂抹	有石座一块
18	3	水泥涂抹	无头　万历庚子题刻
19	1	水泥涂抹	风化
20	1		风化
21	1	水泥涂抹	无头
22	1	水泥涂抹	风化
23	1	水泥涂抹	风化
24	2		头残
25	1	水泥涂抹	风化
26	1	水泥涂抹	风化
27	1	水泥涂抹	无头
28	1	水泥涂抹	无头
29	1	水泥涂抹	无头
30	1	水泥涂抹	无头
31	1	水泥涂抹	无头
32	1	水泥涂抹	无头
33	1	水泥涂抹	风化
34	1	水泥涂抹	头残
35	1	水泥涂抹	头残
36	1	水泥涂抹	头残
37	1	水泥涂抹	头残
38	1	水泥涂抹	头残
39	1	水泥涂抹	头残

续表二

窟 号	佛像数目	现 状	
40	3	水泥涂抹	头残
41	1	水泥涂抹	无头
42	1	水泥涂抹	无头
43	1	水泥涂抹	无头
44	1	水泥涂抹	无头
45	1	水泥涂抹	风化
46	1	水泥涂抹	残缺
47	1	水泥涂抹	风化
48	1	水泥涂抹	风化
49	1	水泥涂抹	无头
50	1	水泥涂抹	无头
51	1	水泥涂抹	头残
52	1	水泥涂抹	无头

表三　　　　　　　千佛岭峰石窟基本状况表

窟 号	佛像数目	现 状	
1	1	水泥涂抹	风化无头
2	1	水泥涂抹	风化无头
3	1	水泥涂抹	风化无头
4	1	水泥涂抹	风化残缺
5	1		全部风化残缺
6	3		风化无头
7	1	水泥涂抹	风化无头
8	1		风化
9	1	水泥涂抹	无头
10	1	水泥涂抹	
11	1	水泥涂抹	无头
12	1	水泥涂抹	无头
13	无		风化
14	1	水泥涂抹	风化残缺
15	1	水泥涂抹	风化残缺
16	1	水泥涂抹	风化无头

续表三

窟　号	佛像数目	现　　　状	
17	1		风化
18	1	水泥涂抹	风化
19	1	水泥涂抹	无头
20	1	水泥涂抹	无头
21	1	水泥涂抹	无头
22	1	水泥涂抹	残缺
23	1	水泥涂抹	残缺
24	1	水泥涂抹	残缺
25	1	水泥涂抹	残缺
26	1	水泥涂抹	残缺
27	1	水泥涂抹	无头
28	1	水泥涂抹	无头
29	1	水泥涂抹	无头
30	1	水泥涂抹	无头
31	1	水泥涂抹	无头
32	1	水泥涂抹	无头
33	1	水泥涂抹	无头
34	无		窟毁，剩一角
35	1		残缺
36	3	水泥涂抹	风化
37	1		风化无头
38	11	水泥涂抹	风化残缺
39	1	水泥涂抹	残缺
40	1		风化毁坏
41	1	水泥涂抹	残缺
42	5	水泥涂抹	无头　隆庆碑刻
43	3	水泥涂抹	原有立石一块
44	1		无头残缺
45	1		风化无头
46	1		风化无头
47	3	水泥涂抹	残缺
48	1	水泥涂抹	风化残缺
49	1	水泥涂抹	风化无头

续表三

窟　号	佛像数目	现　　状	
50	1	水泥涂抹	风化无头
51	3	水泥涂抹	残缺
52	3	水泥涂抹	风化残缺
53	1	水泥涂抹	风化无头
54	1	水泥涂抹	
55	1	水泥涂抹	头部风化
56	1	水泥涂抹	无头
57	1	水泥涂抹	无头
58	1	水泥涂抹	无头
59	1	水泥涂抹	风化
60	1	水泥涂抹	风化
61	1	水泥涂抹	风化
62	1	水泥涂抹	风化
63	1	水泥涂抹	风化
64	1	水泥涂抹	风化
65	1	水泥涂抹	风化
66	1	水泥涂抹	风化
67	1	水泥涂抹	风化
68	1	水泥涂抹	风化
69	1	水泥涂抹	风化
70	1	水泥涂抹	风化
71	1	水泥涂抹	风化
72	1	水泥涂抹	风化
73	1	水泥涂抹	风化
74	1	水泥涂抹	风化
75	1	水泥涂抹	风化
76	1	水泥涂抹	风化
77	1	水泥涂抹	风化
78	1	水泥涂抹	无头
79	1	水泥涂抹	无头
80	3	水泥涂抹	无头
81	5	水泥涂抹	残缺
82	1	水泥涂抹	无头

窟　号	佛像数目	现　　状	
83	1	水泥涂抹	无头
84	1	水泥涂抹	无头
85	1	水泥涂抹	有头
86	1	水泥涂抹	无头
87	1	水泥涂抹	无头
88	1	水泥涂抹	无头
89	1	水泥涂抹	无头
90	1	水泥涂抹	无头
91	1	水泥涂抹	无头
92	1	水泥涂抹	无头
93	1	水泥涂抹	无头
94	3	全水泥塑像	
95	1	水泥涂抹	头部损坏
96	1	水泥涂抹	头部损坏
97	1	水泥涂抹	头部损坏
98	3	水泥涂抹	头部损坏
99	5	水泥涂抹	残缺
100	5		
101	1	水泥涂抹	头毁
102	5		头毁　万历三十年题刻
103	1	水泥涂抹	
104	1	水泥涂抹	
105	5	水泥涂抹	三尊无头
106	1	水泥涂抹	无头
107	5	水泥涂抹	一尊无头
108	3	水泥涂抹	无头
109	1	水泥涂抹	无头
110	1	水泥涂抹	无头
111	2	水泥涂抹	无头
112	1	水泥涂抹	无头
113	1	水泥涂抹	剩半截
114	3	水泥涂抹	无头
115	5	水泥涂抹	无头

续表三

窟　号	佛像数目	现　　　状	
116	5		无头
117	1	水泥涂抹	
118	1		无头
119	1		无头
120	3	水泥涂抹	残缺
121	3		两尊无头
122	1	水泥涂抹	头损
123	1	水泥涂抹	头损
124	1	水泥涂抹	无头
125	5	水泥涂抹	一尊无头
126	1	水泥涂抹	无头
127	1	水泥涂抹	无头
128	3	水泥涂抹	
129	1		无头
130	5	水泥涂抹	一尊风化　一尊无头
131	1	水泥涂抹	风化
132	1	水泥涂抹	
133	1	水泥涂抹	
134	1	水泥涂抹	无头
135	1	水泥涂抹	无头
136	1	水泥涂抹	残缺
137	1	水泥涂抹	头残
138	1	水泥涂抹	头残
139	1	水泥涂抹	无头
140	1	水泥涂抹	头残
141	1	水泥涂抹	头残
142	1	水泥涂抹	头残
143	1	水泥涂抹	头残
144	1	水泥涂抹	头残
145	1	水泥涂抹	无头
146	5	水泥涂抹	万历庚子题刻

四　帝王陵墓和地面石刻

（一）北方地区陵墓

北方地区陵墓，由于对各时期、各地区的研究详略不同，现仅以曹魏陵墓、西晋陵墓、十六国陵墓、北魏陵墓、东魏北齐陵墓和高句丽陵墓等为例，作简要介绍。

1. 曹魏陵墓

魏武帝曹操的陵墓，据文献记载，位于邺城外的西岗上，陵曰高陵。依曹操生前所颁《终令》，其陵"因高为陵，不封不树"。最初的高陵仍依东汉礼制，"立陵上祭殿"。魏文帝曹丕黄初三年（公元222年），以"古不墓祭，皆设于庙"为由，毁去高陵上的祭殿。据传，高陵在邺城西郊的西门豹祠附近，确切位置目前没有线索。

魏文帝曹丕陵曰首阳陵，位于今河南洛阳东的首阳山中。文帝生前鉴于汉代诸陵无不被毁掘，故决定自己的陵墓"因山为体，无为封树，无立寝殿，造园邑，通神道"，"使易代之后不知其处"。魏文帝的这种做法对魏晋陵寝制度产生了重要的影响。首阳陵的地望目前也无线索。

现在发现的曹魏时期墓葬主要集中在洛阳地区。这一时期的墓葬在形制、结构等方面仍沿袭东汉晚期的风格，墓葬多由斜坡墓道、甬道、带耳室的方形前室及长方形后室组成，随葬物品趋向简单化。洛阳地区这一时期的纪年墓目前仅发现一座，即1956年在洛阳涧西发现的正始八年（公元247年）墓。该墓为一多室砖墓，前有长斜坡墓道，全长超过35米，墓中出土陶俑、陶牲畜、陶模型明器及铜器皿、玉杯和有"正始八年八月"铭文的铁质帐构等。据此推测，或为曹魏时期陵墓之一。

2. 西晋陵墓

据《文选》卷三十八傅季友"为宋公至洛阳谒五陵表"注引郭缘生《述征记》可知，西晋五座帝陵分别位于东西相连的北邙和乾脯二山两侧的山之阳，自东至西为文帝崇阳陵、武帝峻阳陵和惠帝太阳陵，山之阴为宣帝高阳陵和景帝竣平陵。在西晋的官方文献中，仅对宣帝的高阳陵有记载，其余诸陵均不详。

近年来，根据洛阳附近出土的西晋墓志提供的线索，已经确定了崇阳、峻阳二陵的位置。西晋文帝司马昭的崇阳陵位于北邙山南麓的枕头山，据1917年在此出土的西晋中书侍郎荀岳墓志记载，荀岳死后，"陪附晋文帝陵道之右"。经过勘探，在此发现古墓五座，而其中规模最大、规格最高的1号墓应即文帝的崇阳陵。武帝司马炎的峻阳陵，位于崇阳陵之西的鏊子山南，这一带当地俗称"峻陵儿地"。据1930年在此出土的晋武帝贵人左芬墓志，左芬死后葬于峻阳陵西徼道内。经过勘探调查，在此发现了由二十三座墓组成的墓地，其中规模最大的1号墓应即武帝的峻阳陵。此二座帝陵位置的确定，为考察其余三座帝陵的方位提供了重要线索。

经过对崇阳陵的勘查，其墓地周围有陵园及建筑遗迹。陵园只发现东、西、北三面，为一北窄南宽的梯形，南北最长近

400、东西最宽处约 250 米。发现的两处建筑遗迹均与垣墙相连，应与陵区守卫设施有关。崇阳陵坐北向南，钻探得知其墓道长 46、宽 11 米，墓室长 4.5、宽 3.7、高 2.5 米。未进行发掘。

峻阳陵目前未发现陵垣遗迹，推测当初有可能就未筑陵垣，而以自然的山峰、山梁代替。峻阳陵墓地中的二十三座墓均为坐北向南具有既长且宽的斜坡墓道的土洞墓。作为 1 号墓的峻阳陵位于墓地的最东端，墓道长 36、宽 10.5 米，墓室长 5.5、宽 3、高 2 米。其余诸墓在该墓之西，分为两排，左芬墓当在其中。这些墓的墓主人应为武帝后宫的嫔妃，与文献中关于武帝多内宠的记载吻合。

3. 十六国时期陵墓

十六国时期（公元 317～420 年），北方少数民族建立的诸政权皆立国时间短，且当时战乱频繁，加之其丧葬习俗为"潜埋"，故这一时期的陵墓资料无论是文献记载还是考古发现均很少（图一五）。这一时期，民族关系复杂，较之前代，墓葬形制极不统一，一些墓葬仍保留了西晋墓葬的特点。如西安草厂坡的十六国时期墓葬，其随葬品组合中除西晋墓中常见的陶俑种类外，还出现了武士俑、鼓吹仪仗俑等，武士及战马均着铠甲，带有极为浓厚的军事色彩，是当时战乱频繁的反映。

这一时期发现的另一重要墓葬为冯素弗夫妇合葬墓。冯素弗为北燕天王冯跋之弟，生前官职显赫。其墓位于辽宁北票西北 21 公里处的西官营子村，南距北燕首都龙城（今辽宁朝阳）约 35 公里。该夫妇合葬墓为同冢异穴，并列两具石椁，椁内壁有彩画，包括天象图及墓主人家居、出行等内容。椁室内的木棺上彩绘云气、羽人、屋宇等图像。墓内随葬品丰富，有

图一五　甘肃西和出土"晋归义氐王"、
"魏归义氐侯"、"晋归义羌侯"金印

陶、铜、漆、玉、铁及玻璃器等，总数达四百七十余件。其中
的步摇金冠饰、马镫、鸭形玻璃水注等尤为重要，为研究当时
中西交通、军事及手工艺提供了宝贵资料。其妻椁内殉犬，应
是鲜卑风俗，但冯素弗随葬龟纽"范阳公章"金印和"大司马

章"铜印，又是汉族官制的体现。

近年来,在内蒙古乌审旗毛乌素沙漠又发现了一批十六国时期大夏国的重要墓葬。墓葬西距大夏国都统万城城址仅 16 公里,均为大型洞室墓。墓主人包括曾任大夏国建威将军、散骑常侍、凉州都督、护光烈将军、北地尹等职的官僚,史传无载,但据墓志所记,均在大夏国统治集团中占有重要地位。这批墓葬的发现为研究大夏国的墓葬制度及大夏国史提供了重要资料。

4．北魏陵墓

金陵为北魏早期皇陵,位于今内蒙古和林格尔附近,是北魏都城盛乐的所在地。据《北史》载,北魏道武帝拓跋珪于天赐六年（公元 409 年）葬于"盛乐金陵"。此后葬于金陵的北魏皇帝还有明元帝拓跋嗣、太武帝拓跋焘、景穆太子、文成帝拓跋睿等。近年来,考古工作者在北魏盛乐故城北约 20 公里处发现了几处鲜卑时代到北魏时期的墓地,并发掘了一座北魏大型壁画墓。这座属于北魏早期的墓葬,位于和林格尔三道营乡榆树梁村附近。墓葬规模较大,全长 22.6 米,前、后室分两次修建而成。前室及甬道两壁均绘有精美壁画,题材有狩猎、燕居行乐及四神图像等。狩猎图画面宏大,气势壮观,内容包括人物、山川、河流、林木、动物等,再现了中国早期山水画的风采。燕居行乐图中的杂技场面,人物众多,有指挥、鼓手、笛手、抛丸手和撑杆手等,具有浓郁的生活气息。壁画中的人物装束显示当时北魏已受到汉化影响,但仍有浓厚的鲜卑遗风。该墓的时代被确定为北魏迁洛之前,因而为探讨北魏早期皇陵提供了重要线索。

据文献记载,平城（今山西大同）"方岭上有文明太皇太后陵,陵之东北有高祖陵",所指即为北魏都城平城附近的北魏皇陵。它位于大同城北西寺儿梁山南部，墓主人即北魏文成帝拓跋睿之妻、文明皇后冯氏，陵名曰永固。该陵北侧约一里处有一较小的陵墓，是北魏孝文帝元宏为自己营建的寿宫——万年堂。永固陵的祠庙建筑，一方面沿用了鲜卑族凿石为祖宗之庙的遗风，另一方面又采纳了东汉以来在陵前建筑石殿、石阙、石兽、石碑的做法。其建筑风格还受到了当时流行的佛教的影响。

经过勘查，永固陵封土高约 23 米，基底平面呈方形，南北宽 117、东西长 124 米。其前为一座围绕回廊的方形塔基遗址，再前又有一处平面呈方形的建筑遗迹。该墓由墓道、前室、甬道和后室四部分组成，总长达 23.5 米。甬道前后两端各设一重石门，门框上饰有下具龛柱的莲瓣形券面石雕。两侧龛柱雕有口衔宝珠的朱雀和手捧莲蕾的赤足童子，是北魏墓室石雕中的精品。该陵曾遭多次盗掘，墓中留有金代正隆和大定年间盗掘时留下的题记。发掘出土的随葬品仅存石俑、陶器残片、铁矛、铁镞、铜簪及玻璃小杯等。位于永固陵北的万年堂，规模较永固陵略小。其封土高约 13 米，基底平面为方形，每边长约 60 米，墓葬结构同于永固陵。此墓应为孝文帝的虚宫，加之屡遭盗掘，未发现遗物，仅甬道内石质券门上的武士浮雕较为珍贵。

孝文帝迁洛，自表瀍西为陵园之所，今洛阳以北至邙山一带，古墓密布，根据历年来在此发现的北魏墓志资料，目前可以确定北魏都洛时期四座帝陵的位置。孝文帝长陵，根据 1949 年前出土的文皇后墓志已经确定，位于今洛阳老城西北十五里的官庄村东，坟冢高大，俗称"大冢"。近年来，洛阳出土的十余方北魏墓志均言祔葬景陵，因而世宗宣武帝元恪的景陵位置也已确定。其位于长陵之南，冢头村西侧，即旧传之"汉冲帝冢"。根据永熙二年（公元533年）张宁墓志和张悦墓志的记述，目前可以确定孝明帝元诩的定陵位于洛阳郭城西北隅之北。孝庄帝元子攸静陵的位置文献中无记载，而且无出土墓志佐证。但在洛阳北魏皇陵兆域内，除已确定的三座帝陵外，可以定属帝陵一级的只有位于景陵之南上砦村的大冢，可能就是静陵。

洛阳北魏皇陵的地上勘查工作不多，陵园布局情况尚不清楚。从文献中关于北魏统治者每临大事都要"谒陵"的记载看，陵区内原应有规模较大的祠庙建筑。神道石刻目前也发现较少，仅在景陵和静陵前各出土一石翁仲。从装束看，其时代为北魏晚期，应属二陵神道石刻。

图一六　河南洛阳北魏宣武帝景陵外景

　　洛阳北魏皇陵兆域内，集中埋葬了许多拓跋鲜卑贵族。此外，还葬有曾与拓跋氏同属一个大氏族的帝室十姓的贵族，以及同属一个联盟的兄弟氏族的死者。这是鲜卑族葬之风的反映，与汉代帝陵以文武大臣陪葬的习俗显然不同。

　　1991年，考古工作者对宣武帝的景陵进行了发掘。该墓墓冢平面略呈圆形，直径超过百米，现存高度24米（图一六）。地宫由墓道、前甬道、后甬道和墓室组成，全长54.8米。甬道内设三道封门墙，并有一重石门。墓室平面近方形，墓顶作四角攒尖式，高达9.3米。墓室壁厚2.9米，结构严密，十分坚固。墓室地面铺砌石板，西侧壁下为石棺床。该墓曾遭严重盗掘，出土物很少，但有些器物，如方形四足陶砚和龙柄盘口壶、龙柄鸡首壶、四系盘口壶、钵、唾盂等青瓷器，仍不失为有价值的历史文物。尤其是具有浓厚南方风格的青瓷器，对研究南北朝时期的南北方关系有重要意义。

　　北魏孝文帝太和十八年曾颁布诏书，对于帝后陵墓制度做了具体的规定。从目前发掘的三座北魏陵墓看，均是按此制度行事的。同时，我们还可以看到，从永固陵到景陵，北魏帝后陵墓的实际形制也发生了一些变化，如墓冢平面由方形变为圆形，由只在墓门雕刻武士像或在墓内随葬武士像，演变为在墓冢前方树立大型石翁仲等。这些变化反映了伴随北魏迁都洛阳，其陵墓制度受到中原传统文化更为深刻的影响。

　　洛阳北魏皇陵兆域内近年来陆续发掘了一批陪葬墓，如孝昌二年（公元526年）江阳王元乂墓和建义元年（公元528年）常山王元邵墓。元乂墓墓室内绘有彩色壁画，内容有天象图、四神、人物和马匹等。其中的天象图是研究古代天文的重要资料。元邵墓出土了大量陶俑，种类繁多，包括镇墓俑、武士俑、出行仪仗俑、鼓乐俑等。另外，还有牛、马、驴、驼等动物形象。历年来，洛阳地区还出土多具北魏画像石棺，如著名的宁懋石室等。石棺表面一般线刻乘龙升仙、四神、神兽、武士等图像及装饰图案，刻艺精湛，是研究当时绘画及雕刻工艺的重要材料。

其他零星发掘的北魏墓葬也为研究这一时期的墓葬制度提供了资料。如宁夏彭阳新集的两座北魏墓，其带天井墓道的发现，为研究带天井墓道的发展演变增添了重要材料。墓中还出土了许多反映当时军事情况的着甲陶俑和陶马及一些乐俑。宁夏地区还发现了另外一座重要的墓葬，即固原西郊北魏墓。其中出土的彩色漆棺画内容丰富，题材有孝子故事、家居生活、神话传说及装饰图案等，对研究当时少数民族习俗风尚、绘画风格及实用工艺无疑是相当重要的。近年来，各地陆续发现和发掘了许多北魏时期的墓葬。这一时期盛行聚族而葬，较为重要的有河北景县的封氏墓群、高氏墓群、赞皇李氏墓群和山东临淄崔氏墓群等，出土的大量珍贵文物，为研究此期的埋葬制度提供了依据。

5. 东魏、北齐陵墓

东魏天平元年（公元534年），孝静帝迁都邺城。迁邺后，即在邺城西郊的漳河、滏阳河之间营建元氏皇陵区，称为西陵。西陵位置在今河北磁县南部，目前，这里仍有许多大大小小的土冢。西陵与北齐高氏皇陵及其他陪葬墓一起，现被统称为"磁县北朝墓群"。经调查，在东西长20、南北宽15公里的范围内，发现墓葬123座。然而自宋代以来这些墓葬长期被误认是曹操的"七十二疑冢"。

东魏皇陵区位于北朝墓群的西南部，陵区位于漳水之北，目前地表除一些高大坟丘外,尚存"魏侍中假黄钺太尉宜阳王碑"。宜阳王元景植,为孝静帝之兄,其墓位于讲武城乡东小屋村东北,坟丘残高 3 米。该墓东南侧还有一高大土冢,为孝静帝和宜阳王之父、东魏文宣王之墓。墓前原有石羊等雕像,应属神道石刻。文宣王卒于东魏天平三年(公元 536 年),此时距东魏迁来邺城仅三年,故该墓应为西陵兆域内营建较早的陵墓。在此兆域内,墓前坟丘规模最大的是位于文宣王墓之北的"天子冢",现存封土高达 21、直径约 120 米,因东魏仅孝静一帝,故此推测其墓主人为孝静帝元善见。根据《魏书》记载,孝静帝死后"葬于邺西山岗",与该墓所处的地理位置吻合。

北齐高氏皇陵区位于东魏元氏皇陵区的东北,在当时的漳河之西、滏阳河之南,其南与东魏皇陵相连。较早葬于此陵区内的为东魏孝宣公高翻和广平公高盛。高翻为北齐神武帝高欢的叔父,卒于东魏元象二年(公元 539 年),高盛为高欢的"从叔祖",卒于天平三年。两座墓的封土均已不存,其神道上原有墓碑和石虎、石羊等石刻。北齐共历七帝,其中神武皇帝高欢和文襄皇帝高澄均卒于北齐立国之前,其皇帝身份系死后追赠。《北齐书》中记载高澄死后"葬于高欢义平陵北",据1978 年发掘的东魏茹茹公主墓志及《北齐书》的记载,可以确定二陵的位置。茹茹公主墓附近确有两座高大的墓冢,即位于申庄乡大冢营村西的"大冢"和"二冢"。大冢位于南侧,东距茹茹公主墓约 300 米,应即高欢的义平陵。而位于大冢北侧约 200 米的二冢,应为文襄皇帝高澄的峻成陵。义平陵的位置正处在高翻和高盛墓的北部稍偏东。这种长辈在南、晚辈在北的陵墓配置,与东魏元氏皇陵区相同,应是磁县东魏北齐皇陵区的特点。

北齐文宣皇帝高洋是北齐立国后的第一位皇帝，死后所葬为武宁陵。武宁陵的位置未见于文献记载。高洋之子高殷葬于武宁陵西北。孝昭皇帝高演的文静陵和武成皇帝高湛的永平陵的位置均无记载，而且无出土墓志佐证。1987 年至 1989 年，考古工作者对位于湾漳村的一座大墓进行了发掘。从墓中发现的大面积精美壁画和大量随葬品看，墓主人应为北齐时代的一位皇帝，即上述三位皇帝之一，而属文宣皇帝高洋陵墓的可能性较大。

高氏陵区的营建较东魏元氏皇陵时间晚，最初并无统一的规划。义平陵和峻成陵向北不远即达滏阳河，其东为漳河，均无发展余地，故此后高氏子孙的墓葬向西和西南发展。湾漳墓位于义平陵西偏北，而已经发掘过的北齐文昭王高润墓位于湾漳墓西北的东槐树村，兰陵忠武王高肃墓在南面的申庄乡刘庄村东，许多高氏族人墓则在与东魏皇陵区相邻处发现。

东魏、北齐皇陵区附近，还交错分布有当时一些重臣和望族的家族墓地，已经发现的有申庄乡东陈村一带的尧氏墓地和滏阳村西岗坡一带的司马氏墓地，反映了北朝聚族而葬的习俗在这时还相当盛行。

东魏、北齐皇陵兆域内原地上所建寝殿等礼制建筑均已不存，神道石刻也所存极少，现在能见到的有元景植碑、兰陵王碑等，文宣王墓前尚存一石羊，湾漳村大墓墓前百米处神道西侧存有一高约 3 米的石翁仲。

在目前已经发掘的东魏、北齐陵墓中，属于东魏时期的主要是茹茹公主墓。墓主人茹茹公主叱地连系蠕蠕（柔然）主阿那的孙女奄罗辰的女儿，东魏兴和四年（公元 542 年）嫁高欢第九子高湛，即后来的武成皇帝。茹茹公主卒于武定八年（公

图一七　河北磁县东魏茹茹公主墓出土巫师俑

元550年），死时年仅十三岁。孝静皇帝特下诏曰："送终之礼，宜优常数。"该墓由墓道、甬道和墓室三部分组成，全长约35米。墓道两壁及墓室内彩绘壁画，内容有神兽、仪仗、羽人、四神、墓主人、侍从及装饰图案等。墓室虽经盗掘，仍出土随葬品一千余件，包括陶俑、模型明器、陶牲畜、青瓷器、铜铁器、金币及金饰物、料珠等（图一七）。

　　目前发掘的北齐时代的重要墓葬即湾漳村大墓。该墓原有高大的封土，直径超过百米，墓葬总长52米。在长37米的斜坡墓道两侧有彩绘壁画，面积超过 320 平方米。壁画的中心内容是仪仗出行，队列中人物手执戟盾、鼓乐、幡、伞盖等。队列前为青龙、白虎，另有流云、莲花、建筑等装饰。墓道斜坡上彩绘莲花及缠枝忍冬的二方连续装饰纹带。甬道外门墙上绘高约 5 米的朱雀图像。墓室内也满绘壁画，除墓顶的天象图外，其余已漫漶不清。该墓壁画气势宏大，内容丰富，人物形象栩栩如生，表现了高超的技艺，是研究当时礼制、社会生活、意识形态及绘画水平的重要资料。该墓早年曾遭盗扰，但仍出土了大量随葬品，其中陶俑一千八百余件，另有陶牲畜、模型明器、陶瓷器皿及少量玉器、珍珠等。出土的陶俑制作精细，且外施彩绘，以两件高达 1.42 米的门吏俑最为精美。这些随葬品对于研究当时的礼制、服饰及雕塑艺术具有重要价值。该墓的发掘对于研究北朝时期帝王陵寝制度无疑是相当重要的。

除磁县北朝墓群外，其他地区也发现了一批东魏、北齐的重要墓葬。今山西太原地区，是当时除邺城以外的另一重要政治、军事中心晋阳所在地，历年来也发现了一些重要墓葬，如北齐东安王娄睿墓。娄睿为北齐外戚，生前官至正一品，卒于武平元年（公元 570 年）。其墓葬等级很高，总长超过 35 米。墓道、甬道和墓室内满绘彩色壁画，总面积约 200 平方米，内容有鞍马游骑、军乐仪仗、祥瑞及天象图等，构成了一个人间天上的大型画卷。娄睿墓虽遭破坏，也仍出土了大量随葬品，其中的六百余件陶俑独具特色，制作精细（图一八）。青瓷器皿造型优美，是北朝青瓷艺术的精华之作。

6．西魏、北周陵墓

西魏文帝元宝炬卒于大统十七年（公元 551 年），葬于永

图一八　山西太原北齐娄睿墓出土门吏俑

陵。永陵位于今陕西富平，具体位置尚不清楚。

西魏墓葬目前发现较少，较重要的有陕西咸阳胡家沟的侯义墓。侯义为北魏武阳公侯刚之孙，生前为太师开府参军事，葬于大统十年（公元544年）。该墓为斜坡墓道土洞墓，甬道及墓室内可见壁画残迹，随葬品有陶俑、模型明器、漆器等。该墓是首次发现的有明确纪年的西魏墓葬。

近年来,考古工作者在配合西安北郊咸阳国际机场的考古发掘中,发现了一批北周时代的重要墓葬。其中大多数墓葬出土有墓志,皆为北周统治集团中的高级成员。墓葬均为长斜坡墓道带天井的土洞墓,规模宏大。其中北周骠骑大将军、开府仪同三司、大都督、南阳郡开国公叱罗协墓,全长达 71 米,由墓道、隧道、天井、壁龛、甬道和墓室组成,天井数量多达六个。墓中出土彩绘陶俑二百余件,包括镇墓武士俑、镇墓兽、甲骑具装俑和仪卫俑等等,代表了北周陶俑的典型特征。

宁夏固原在北朝属原州,为西北军事重镇,又是丝绸之路上的重要孔道,故在这里也发现了一些北周墓葬。其中李贤夫妇墓是最为重要的一座。李贤是北周上柱国大将军、大都督,葬于北周天和四年(公元 569 年)。其墓葬由墓道、天井、过洞、甬道和墓室组成,全长超过 35 米。墓中绘有彩色壁画,内容有门楼图、武士图、侍从伎乐图等。该墓虽被盗扰,仍出土了大量随葬品,其中波斯萨珊朝的鎏金银壶、金戒指、玻璃碗等,造型精美,是研究当时中西交通的珍贵实物资料。

7. 魏晋南北朝时期的高句丽陵墓

高句丽自琉璃明王二十二年(公元 3 年)迁都国内城(今吉林集安),至长寿王迁都平壤(公元 427 年),前后经历了四百二十余年。其间,这里是高句丽政治、文化、经济、军事的中心。因此在今集安附近,遗留有大量的高句丽时期的陵墓。集安境内多大山深谷,老岭山脉纵贯南北,将全市分成东西两部,东称岭前,西称岭后。经调查,在岭前、岭后分布墓群三十二处,岭前二十三处,岭后九处,共计墓葬 12358 座,其中有少部分是属于渤海时期的墓葬。在三十二处墓群中,洞沟墓群是规模最大的，共发现墓葬11300座。洞沟墓群又分为下解放墓区、禹山下墓区、山城下墓区、万宝汀墓区、七星山墓区和麻线沟墓区。这些墓葬经清理发掘的有1100座以上，但大都早期被盗。

高句丽的坟墓分石坟和土坟两大类，石坟多分布在靠山麓处，土坟则多在河谷阶地和平川地带。石坟类分为积石墓、方坛积石墓、方坛阶梯积石墓、方坛阶梯石室墓、封石洞室墓五种。土坟分为方坛封土石室墓、方坛阶梯封土石室墓、土石混封石室墓、封土石室墓四种。在这两大类墓葬中，总体来说石坟要早于土坟。

石坟类中年代最早的应是积石墓，其年代上限可到高句丽迁都之前（图一九）。其次是方坛积石墓。方坛阶梯积石墓在建筑技术上比方坛积石墓进了一步，年代要稍晚些，同时墓主

图一九　吉林集安高句丽积石墓外景

人的身份也可能要高些。方坛阶梯石室墓多为大型墓葬，数量少，规模宏伟，应是高句丽的王陵和高级贵族的坟墓，如禹山墓区 541 号墓，出有"愿太王陵安如山固如岳"的铭文砖，证明该墓是高句丽十九代广开土境好太王谈德的陵墓。在陵墓东北 200 米，有著名的好太王碑。好太王碑呈方形，碑文长达一千七百余字。该碑自清末发现以后，引起了中外学者的关注和研究，成为研究高句丽史的热点之一。近年来，吉林省考古研究所对好太王碑的研究取得了令人振奋的成绩。禹山下区 1 号墓（俗称将军坟），是这类墓中保存最好的一座，高 12.4、边长 35.6 米，为阶梯式金字塔形，系用大型花岗岩石条筑成七级，墓室位于第五级中央。此墓也应是一座王陵。麻线沟墓区第 1000 号墓，出土过"千秋万岁永固"、"保固乾坤相毕"等铭文砖，表明也应是一座王陵。封石洞室墓，其墓室已由墓顶部中央移至底部，外部以石为封，属石坟类，但也有土坟的特点，应属石、土坟交替的阶段。

在土坟类的四种墓葬中，方坛封土石室墓、方坛阶梯封土石室墓数量极少，具有石、土坟两类特点，可能是石坟和土坟的交替形式。以土石混封石室墓和封土石室墓占多数，是高句丽中晚期墓葬的主流。在高句丽墓葬中，发现有二十座壁画墓，除禹山下墓区 41 号墓为方坛阶梯石室墓外，其余均为封土石室墓，应是高句丽高级贵族的墓葬。如"舞蹈"、"角抵"两座墓的主室四壁，绘有墓主人生前的生活场面，如宴乐、歌舞、角抵、狩猎等。墓顶则绘有日月、星辰、神兽、飞禽、飞仙等。其年代约为公元 3 世纪中叶至 4 世纪中叶。洞沟 12 号墓、麻线沟 1 号墓及长川 1 号、2 号等墓，墓内壁画虽仍以墓主人生活起居为主要题材，但佛教的内容显著增加，年代约当公元 4 世纪中叶至 5 世纪中叶。以后如四神墓和五盔坟 4 号、5 号墓，则以墓室四壁绘四神代替了以前墓主人生活起居等社会生活画面。这些壁画是高句丽文化遗产的瑰宝，有很高的历史价值和艺术价值。

高句丽墓葬的随葬品有铜、铁、瓷、金、鎏金等器。铜器有鼎、釜、镳斗、盘、洗等，从工艺到造型多与中原汉魏晋时期的铜器相同，其中锅盖碗是富有地方特色的器物。铁器生产工具也多与中原地区的相似。陶器有生活器皿和陶制模型，还有黄色和暗绿色的釉陶，其器型有壶、釜、钵、耳杯和灶等，有一种四耳展沿壶很有特色。这些器物是专门用来陪葬的。黄金制品有耳坠、指环、头钗、发簪、手镯等，其中耳坠的式样很有特点。鎏金工艺在高句丽有很大发展。此类制品出土数量较多，最常见的是成套马具，包括鞍桥、杏叶、带卡、马镳的颊饰和木芯的马镫等。其形制与西晋马具相似。鎏金铜钉鞋是仅见于高句丽的独特器物。盘口青瓷壶、双系白瓷壶无疑是中原地区的产品。从高句丽的出土器物既可看到其自身特点，也可看到中原地区文化的强烈影响，显示出两者之间的文化交流。(以上资料均为中国社会科学院考古研究所提供，详见《魏晋南北朝文化》)

（二）南方地区陵墓

南方六朝陵墓主要集中在南京地区（含江宁、句容、丹阳三地），以其独有的制度和风格著称于世，是代表当时历史文化、艺术的实物标本。

从有关史籍得知，六朝陵墓，凡帝后王侯者共计七十四处，其中除十二座葬地不明外，余者绝大部分在南京地区。南京附近六朝陵墓的调查始于近代，最早当推清同治莫友芝的《金石笔谈》，其中所记不过八处。清朝末年，张璜《梁代陵墓考》中共记十四处，也包括了除梁以外的南朝各代者。1934年，朱希祖和朱偰父子等人调查，共得二十八处。1949年以来，经过考古调查，又增为三十二处，其中南京十处，江宁九处，句容一处，丹阳十二处。1949年以来，发掘的大型墓葬属于或可能属于陵墓的有八处，南京五处，丹阳三处。其中地面有遗迹的五处，无遗迹的三处。

现将各处陵墓依地点顺序列表说明如下，详见表四。

表四

时代和陵墓名称	地面石刻	地　　点
梁吴平忠侯萧景墓	石辟邪 2，神道石柱 1	南京尧化门十月村南
梁始兴忠武王萧憺墓	石辟邪 2，石碑 1	南京尧化门甘家巷西南
梁鄱阳忠烈王萧恢墓	石辟邪 2	萧憺墓东
梁安成康王萧秀墓	石辟邪 2，石柱 2，石碑 2	南京尧化门甘家巷
梁桂阳简王萧融墓（原传为齐献武公萧颖胄墓，实误）	石辟邪 2	南京栖霞山张家库
梁新渝宽侯萧暎墓	石柱 1	南京甘家巷北董家边
梁建安郡王萧伟墓	石柱 2	南京尧化门周家山
宋文帝刘义隆长宁陵	石麒麟 2	南京甘家巷南狮子冲
失名之南朝墓	石柱 1	南京笆斗山徐家村
梁南康简王萧绩墓	石辟邪 2，石柱 2	句容新塘黄梅桥侯家道边
宋武帝刘裕初宁陵	石麒麟 2	江宁其林门其林铺
梁建安敏侯萧正立墓	石辟邪 2，石柱 2	江宁淳化镇西南
陈武帝陈霸先万安陵	石麒麟 2	江宁上方镇石马冲黄麓山
失名之南朝墓	石辟邪 2，石柱 2	江宁上方镇侯村附近

时代和陵墓名称	地面石刻	地　点
失名之南朝墓	石柱 1	江宁淳化镇宋墅村
失名之南朝墓	石柱 1	江宁官塘镇耿墓岗
齐豫章文献王萧嶷墓	石辟邪 2	江宁江宁镇方旗庙
陈文帝陈倩永宁陵	石辟邪 1	江宁其林门灵山
梁临川靖惠王萧宏墓	石辟邪 2，石柱 2，石碑 1	江宁其林门仙鹤门
齐宣帝萧承之永安陵	石麒麟 2	丹阳东北狮子湾
齐高帝萧道成泰安陵	石麒麟 2	丹阳东北赵家湾
齐景帝萧道生修安陵	石麒麟 2	丹阳东北经山鹤仙坳
齐东昏侯萧宝卷墓或和帝萧宝融恭安陵	石麒麟 2	丹阳东北经山金家村
失名之南朝墓（可能为废帝郁林王萧昭业墓）	石辟邪 2	丹阳东北经山北麓
失名之南朝墓（可能为废帝海陵王萧昭文墓）	石辟邪 2	（同上）
齐武帝萧赜景安陵	石麒麟 1，石柱 1	丹阳城东戎家村三姑庙
齐明帝萧鸾兴安陵	石麒麟 1	丹阳城东萧德乡东城村
梁文帝萧顺之建陵	石麒麟 2，石柱 2，石碑 2	丹阳城东三城巷
梁武帝萧衍修陵	石麒麟 1	丹阳城东城村
梁简文帝萧纲庄陵	石麒麟 1	（同上）
丹阳齐梁陵墓入口处	石麒麟 2	丹阳东陵口镇

同时，就已发现和发掘的陵墓实物资料结合文献归纳出六朝陵墓的埋葬制度，既有和北方相同之处亦有其地区特点。具体如下：

第一，选择葬地十分讲究风水之术。风水即古代"堪舆"之术，其名最早见于《史记·日者列传》。其云："孝武帝时，聚会占家问之，某日可取妇乎？五行家曰可，堪舆家曰不可……。"《后汉书·袁安传》记："安父没，母使安访求葬地，道逢三书生，安问何之，安为言其故，生乃指一处，云'葬此地，当世为上公'……于是遂葬其所占之地，故累世隆盛焉。"故知堪舆之术，汉时已有，晋以后大兴。文献记相墓之术者甚多，帝王尤信，一般士族亦趋仿效。已见的文献材料，如《晋书》、《宋书》、《南齐书》、《南史》、《北史》、《魏书》、《廿二史札记》中均有记述，再以目前留存较早的宋元时期阴阳地理书，如《大汉原陵秘葬经》、《茔原总录》等亦可作参考。其中所提"望气"、"风水"之说，即指此术。以今之实例解释，"风水"实质上就是选择有恰当地形的葬地。综合六朝及以前各代的"风水"，可看到"背倚山峰，面临平原"，即指墓葬之所应选在两山环抱的山腰上，面临开阔的平原。换言之，也就是我们通常所说的"山冲"之地。现已发现和发掘的六朝大墓，观其地形无不符合上述的规律。

最近，有人探讨中国陵寝制度的起源和演变这一问题，把我国古代陵寝的起源置于春秋战国时期，其创始期则为战国中期至西汉时代，确立期定为东汉，魏晋南北朝则定为陵寝制的衰退期[1]，但由六朝考古资料看并不完全如此。从我们所见六朝陵墓的布局和内涵可以认为，有些制度到六朝始确立，而至唐后始完备。

第二，聚族而葬。族葬之风，开始盛行于汉代。到了南朝宋时，以法律形式肯定了山林川泽的私人占有，"山湖川泽，皆为豪强所专，小民薪采渔钓，皆责税直"[2]，更加速了豪门世族把农民小块土地和国家"公有地"占为私有，并普遍地建立了田园别墅。这种大土地所有制的发展，在考古资料上反映出统治阶级的大片葬地统归私有，其例已如上述。这种在私有制基础上的聚族而葬，到了六朝已经蔚成风气，成为当时的一种制度。现以下例说明之。

（1）1960年南京城内北部富贵山发现东晋恭帝玄宫石碣，上书："宋永初二年太岁辛酉十一月乙巳朔七日辛亥晋恭皇帝之玄宫"二十六字。按《晋书·恭帝纪》，帝在位二年，元熙二年六月让位于刘裕，即永初元年，二年九月丁丑被杀，葬蒋山之阳，号冲平陵。蒋山又名紫金山，即今钟山，发现石碣地点紧接钟山，地理位置正合。查永初二年即辛酉年，但《晋书》和《宋书》均未记下葬日期，仅言恭帝司马德文永初二年九月己丑卒，"车驾三朝率百僚举哀于朝堂，一依魏明帝服山阳公故事，太尉持节监护，葬以晋礼"。依此可知，恭帝死于九月，礼葬于十一月，而立此石碣为记，补充了文献材料中所没有的下葬时间，又纠正了宋张敦颐《六朝事迹编类》中葬于元熙二年的说法，同时也帮助我们推定了其墓葬的位置。东晋十一个皇帝，据《建康实录》等书说有九个葬在这一带，其中元、明、成、哀四帝葬鸡笼山之阳，康、简文、孝武、安、恭五帝葬钟山之阳。考鸡笼山亦是钟山的一部分，自鸡笼山以东抵钟山之阳，为建康城外，在当时是连成一片的东晋帝陵葬区，并未发现其他墓葬。1972年，南京大学北园发现一座大型东晋墓，可能是晋陵之一，虽紧靠都城，但亦在当时宫城外，可为旁证。宋苏洵《金陵杂兴》诗曰："更上鸡笼山上望，一问茅屋晋诸陵"，亦明确晋陵即位于此。再由晋恭帝石碣和富贵山大墓、南京大学北园大墓的发现和发掘结果证明，这一带就是东晋帝王聚族而葬的葬区。

（2）帝王聚族而葬的说法，在当时统治阶级内部也可以找到证明。例如《南齐书·竞陵文宣王子良传》曰："初豫章王嶷葬金牛山，文惠太子葬夹石，子良临终望祖硎山，悲感叹曰：北瞻吾叔，前望吾兄，死而有知，请葬兹地。既薨，遂葬焉。"萧嶷、萧子良、萧长懋叔侄三人按家族身份葬在一起。现从调查和发掘得知，南齐、萧梁两朝由于帝王的家乡在丹阳（当时称南兰陵），故齐梁诸陵大都在此，亦是成组族葬在一起。特别是丹阳陵口的大型石刻，标志着皇陵族葬之区的总入口处。乾隆《丹阳县志》云："梁时公卿行陵，由方山下秦淮河达丹阳运河，经萧港口，直达庄陵、修陵、建陵……而于此河口特置石麒麟二，以为标识，故名陵口。"即是有力的证明。

（3）我们在甘家巷为配合基建工程所发掘的六朝墓群共三十八座，其中4号墓、6号墓、30号墓为梁安成康王萧秀和他的家族墓。在此范围内（包括直达墓前1000米的石刻处），并无一个同时代的其他墓葬，而且在栖霞山到太平村的10平方公里范围内，竟有九座梁代王侯墓。再参以南京颜氏、王氏墓群和宜兴周氏墓群的例证，很明显地说明六朝时期世家大族亦多行族葬。所以聚族而葬到了六朝，已经形成制度，这不仅反映了古代封建统治阶级选择墓地的"风水"之术的严格，更重要的是反映了统治阶级内部对于营葬的处理也有严格的界限。这是封建统治阶级内部的等级制度所决定的。

第三，如上所述，所谓"背倚山峰，面临平原"的葬法已成规律。如西善桥油坊村大墓处于海拔104.3米的罐子山麓，距地面高1.5米；富贵山大墓处海拔80米的富贵山麓，距地面高9米；栖霞山甘家巷大墓处于海拔73米的洼子山麓，距地面高10米；丹阳胡桥大墓处于海拔100米的鹤仙坳山麓，距地面高25米。四墓均背倚山峰，面临平原，所以墓地埋葬棺椁的方向，既有向南，也有向北和向东的，主要取决于适当

的地形，并非取决于方向，所传墓葬必南向实际是不对的。由
此可见，六朝陵墓既不葬在平地，也不葬在大道之旁。朱偰曾
有"六朝陵墓，类在大道之旁低湿之地"的说法，乃由于未经
发掘，不能准确地测量出葬地所在位置所致。我们对已发掘大
墓的墓前石刻至墓葬的距离进行了测量，丹阳胡桥大墓为 510
米，甘家巷萧秀墓为 1000 米。陵前石刻和石刻后的墓葬，往
往相距很远，同时也多不在一条中轴线上，因此更难从地表判
断其墓之所在。例如从丹阳胡桥大墓的墓前地面遗迹——石
兽，到墓葬所在的墓道（即神道）呈弯曲状，两者相距达五百
多米，这主要是由地形和地势所定。所以不经发掘，仅依地面
石刻遗迹，亦不能准确地判断墓葬的位置。这里需要着重指
出，我们所见南方六朝陵墓，葬地均选在山麓、山腰和山上，
而地面建筑如石刻等均在平地，已成规律。这可能直接影响到
唐、宋、元、明各代的葬制和布局，如唐宋墓葬中的"明器神
煞"与"墓仪"制度及明诸陵石刻和墓葬的布局，即与六朝者
相合或近似[3]。

　　第四，据目前已知考古资料，六朝墓葬均为砖室结构。这
应和南方土壤、气候等条件有密切的关系。在砌造墓室之前，
必先开凿墓坑，在选择的葬地山坡上，向内凿成长方形的墓
坑。这种劈山营造规模宏大的墓坑，反映了当时陵墓的规模。
如西善桥油坊村大墓墓坑长 45、底宽 9、口宽 11、深 14 米；
富贵山大墓墓坑长 35、底宽 6.85、口宽 7.5、深 7 米；丹阳
胡桥大墓墓坑长 18、宽 8、深 4 米；幕府山大墓墓坑长 20、
宽 8、深 7 米。其采用先开凿墓坑而后营造墓室，而不是挖竖
穴或竖井的做法。这主要是由于南方土壤土质黏硬潮湿，不宜
过深取土或挖洞所致。我们所见的六朝大墓往往采取了一种防

止塌方和保护墓室的措施，如油坊村大墓设护壁墙贴在墓坑上，富贵山大墓设护顶砖贴在墓券顶上，这种做法看来也是比较合理的。

墓坑开凿之后，接下来则是砌造墓室。六朝陵墓与一般六朝墓葬不同，均为大型的单室墓，没有前后室或侧室。顶虽亦为券顶或穹隆顶，但规模较一般墓为大。下面试以南京附近所发掘的豪门世族墓与之相比，详见表五。

表五 不同墓葬规模比较表

墓 名	长	宽	高
老虎山颜镇之墓	4.63 米	1.66 米	2.32 米
人台山王兴之墓	5.33 米	2.23 米	2.20 米
石闸湖汝阴太守墓	7.80 米	2.80 米	2.67 米
西善桥七贤壁画墓*	8.95 米	3.10 米	3.30 米
西善桥油坊村大墓*	13.50 米	6.70 米	6.70 米
富贵山大墓*	9.76 米	7.80 米	5.15 米
丹阳胡桥大墓*	15.00 米	6.20 米	4.50 米
甘家巷大墓*	10.30 米	3.25 米	3.70 米
幕府山大墓*	8.16 米	5.40 米	3.05 米

注：有 * 者为陵墓。

从表中对比可见，后面的六座墓显然比其余三座豪门世族墓要大。这种大型单室墓，墓室内壁均以整齐排列的花纹图案砖砌成，或以整幅的壁画砖拼镶而成。假如分为前后室就不能拼砌整幅的壁画，也没有那么大的气势，这可能就是形成大型单室结构的一种原因。但它们较汉唐帝王陵墓的规模仍有逊色，则又是由于当时封建割据偏安一隅、经济能力有限造成的。故我们不能以六朝大墓比汉唐大墓小，而否定它们是帝王陵墓，应该将之与同时代的六朝其他墓葬相比，才能判定其性质和规模。

六朝陵墓在建筑结构上还有以下两个特点：

一是墓门均为石砌，门额呈半圆形，额上浮雕人字拱。这种石砌的浮雕人字拱墓门，可能是陵墓墓室结构的一个标志。有的墓葬甚至砌两进同样结构的石门，如丹阳胡桥大墓和南京西善桥油坊村大墓就是这样，而甘家巷萧秀墓仅有一进这种石门（图二〇）。故可以认为帝后一级的陵墓用两进门，王侯一

图二〇 江苏南京甘家巷
梁萧秀墓石门

级的用一进门，也属于统治阶级内部的一种等级区别。

二是墓前均有长长的排水沟。这种排水沟一端起自墓内墓室底部，为阴沟，在墓室铺地砖上砌阴井口以泄墓内积水。另一端直达墓前低洼之地或水塘内。它们结构讲究，均用七八层平砖砌成通道式。如胡桥大墓排水沟长 190 米，油坊村大墓排水沟残长 50 米，富贵山大墓排水沟残长 87.5 米。根据地理形

势和墓前洼地水塘的位置推测，后两者长度亦均在100米以上，而且砌造也十分坚固。这种长排水沟为其他时代和北方地区墓葬所少见，可以认为是六朝时期南方墓葬的一个特点。因为南方气候潮湿，在营造墓室时，为防止室内积水，这是必须具备的一种条件。其为我们研究古代墓葬建筑提供了具有时代特点和地区特点的实物资料。正由于它们埋在地面下直达墓前低洼处或水塘内，故此也是造成后人误认为墓葬在低地或湿地的一个原因。

六朝大墓往往具有气势雄伟、两翼宽长的封门墙。其后又有挡土墙。它们依地形不同、墓坑大小而异，如油坊村大墓封门墙立面成长方倒梯形，富贵山大墓封门墙分两层，平面成弧形，挡土墙为砖土混合结构。封门以后的填土夯实。其形状主要依地势而定，如山势高的则不起坟（如富贵山大墓），山势低的则起坟（如油坊村大墓）。但总的看来，墓依山势而葬，都在高地，仍可以认为是起坟。另一方面从山的本身来看，棺椁均在山内墓坑中，亦可认为不起坟。故史书上记载这些墓葬有起坟和不起坟说法，实质都是一样的。它们与北方大墓均葬在平地的地面下，然后再在平地上起坟堆封土的做法迥异的。

综上可知，南方地区陵墓和北方地区陵墓一样，是当时等级森严的政治制度的反映，同时也具有共同的时代特点，聚族而葬的葬法盛行一时。它们的建筑装饰和随葬遗物还反映了当时中外文化交流的情况。

南方陵墓有一共同的特点，即绝大部分为砖室墓。这显然是在汉代木椁墓的基础上发展而来，以砖椁代替了木椁，因而更适宜于长期保存。世家大族墓和帝王陵墓一样，全为砖室结构。这一形式一直延续到明清，甚至现代，可以说是墓葬发展史上的一大重要变革。墓葬形制在陵墓中大都为单室穹隆顶，但是在世族大墓中却有凸字形券顶、长方形券顶、穹隆顶、凸字形主室附长方形侧室（穹隆顶和券顶结合）等多种形式。大族墓中多随葬墓志、地券、各种生活用品和模型器等，充分反映了士族门阀制度的森严等级和穷奢极欲的地主庄园经济。

1949 年以来，在南京、丹阳地区清理发掘了上百座六朝墓，大多数都遭到破坏，破坏程度是墓葬愈大的愈其。从地层扰乱关系上可以看出，都是葬后未久即被破坏，有的墓葬不仅室内遗物无存，或所存无几，而且墓室四壁和底部墓砖亦被挖掘殆尽。故知这种情况远不是简单的盗掘，而是带有报复破坏的性质。萧秀死后不久，南朝梁氏"侯景之乱"所带来的破坏情况十分严重，"纵兵杀掠，交尸塞路"。陷建康之后，又聚尸而焚，"臭气闻十余里"[4]。梁武帝萧衍被侯景逼死，萧秀是萧衍之弟，其墓当亦不会幸免。南朝政权短迭变更，大规模的掘墓经常发生。萧衍在世，即有人发掘东昏侯冢。陈亡，王僧辩之子王颁为父复仇，集百余人夜发陈霸先陵，"焚骨取灰，投水饮之"，并得到统治阶级的赞扬[5]。像这样的破坏情况，应与六朝时分裂割据的局面及统治阶级内部异常激烈的相互倾轧和斗争是分不开的。

（三）地面石刻

墓室本身营造完成以后，根据当时葬制，还需在陵墓前营建享堂和石刻。此制始于汉代。据记载："古无墓祭之礼。汉承秦，皆有园寝。……魏武葬高陵，有司依汉立陵上祭殿。"[6]发掘丹阳胡桥萧道生陵时，据《南齐书·始安贞王道生传》记："建武元年追尊为景皇帝，妃江氏为后，立寝庙于御道西，陵曰修安"。故知陵前原有寝庙，后来被毁，现仅存石刻。这种寝庙应即是享殿或享堂，为守陵和祭祀之用。由此推想，现在六朝陵墓前大多数有石刻，可能当时亦有寝庙之类的建筑，后毁于兵燹或其他原因而不存。目前所存六朝陵墓前的石刻，是研究六朝雕刻艺术和有关典章制度的重要参考资料。

古代墓葬前置石刻装饰，亦属陵园的制度之一。《后汉书·光武十王传》云：中山简王焉死，"诏大为修冢茔，开神道"。李贤注："墓前开道建石柱以为标，谓之神道。"此即我们认为的墓道（墓前至地面上的建筑和石刻的距离）。唐封演《封氏闻见记》云："秦汉以来，帝王陵前有石麒麟、石辟邪、石象、石马之属，皆所以表饰坟垄如生前之象仪卫耳。"故知除作标志外，其亦有仪仗侍卫的作用。就目前考古资料看，汉时大型墓葬往往有此装饰。郦道元《水经注》曰："（浊）水南有汉中常侍长乐太仆吉侯苞冢，冢前有碑，……坟倾墓毁，碑兽沦移，人有掘出一兽，左膊上刻作辟邪字。"欧阳修《集古录》和沈括《梦溪笔谈》皆言汉宗资墓前有天禄辟邪。

南京及其附近的六朝陵墓计三十三处有石刻，其中帝王陵的十二处，以丹阳梁文帝萧顺之建陵石刻保存最多，计石兽一对、石柱一对、石碑一对、石础（方形）一对，共八件。王侯墓的二十一处，以南京甘家巷萧秀墓保存最多，计石兽一对、石柱一对、石碑两对，亦共八件。据大多数陵墓来看，以三对为最多，即石兽一对、石柱一对、石碑一对，不过在漫长的岁月中已遭散失或损坏。其布局的形式对称，可能是自古以来葬制的特点。迄今为止，在东晋陵前始终未见地面石刻，故有人认为六朝陵墓石刻实即南朝陵墓石刻。现考唐李商隐《晋元帝庙诗》中"弓箭神灵定何处，年年春绿上麒麟"之句，故知唐时晋陵前尚有石兽和寝庙（即享殿），后来被人摧毁。但也有人认为此"麒麟"二字，可能为宫殿的名称，而非石刻的名称，甚至有人怀疑该诗非李商隐所作。但南朝陵墓前置石刻已成制度毫无疑问，汉陵前早有石刻，为何东晋陵前独缺，是值得研究的。永明七年（公元 489 年），齐武帝将宋文帝长宁陵隧道（即神道）边的华表（石柱）和麒麟迁移，"形势甚巧，宋孝武于襄阳致之，后诸帝王陵皆模范而莫及也"[7]。亦可说明南朝陵前石刻已成规制，决非草创。以往人们对六朝时代雕刻艺术的研究，其对象往往限于佛像和寺庙一类佛教内容，其实六朝陵墓前石刻及墓内的砖刻壁画，仅部分受佛教影响。汉唐艺术正是在此基础上发展起来，这是值得我们重视的。

现先将墓前石刻加以叙述和考证。

1. 石兽

六朝陵墓前的石兽，大体有这样一个规律，即帝后墓前的均带角，王侯墓前的无角。前者有双角和单角之分，称天禄和麒麟，后者称辟邪（图二一）。二者均有翼，无疑是一种神兽。据目前所得资料，这种神兽最早见于汉墓前，如前述吉侯苞墓前石兽上即刻"辟邪"二字。欧阳修《集古录》亦云："汉天禄辟邪四字，在宗资墓前石兽膊上。"此墓在今河南南阳（即古邓州）。但早在周代铜器上，即有翼兽的雕刻，如枑（音"第"）氏壶上有此类带翼兽作飞奔之势。中亚细亚的古亚述帝国美索不达米亚的尼尼微（今伊拉克摩苏尔）宫殿门口，亦置有双翼牛身人首的石像。古希腊雕刻神像中，此类有翼兽很多，如有翼的狮、马、牛等等。现在动物学上尚有一种兽称

图二一　江苏南京甘家巷梁萧景墓石辟邪

Antilopina Baird，属有角类有蹄门，存于中亚和波斯、印度，推测与古代此类神兽有连带关系。

六朝陵墓石兽，有人考独角者为天禄，双角者为辟邪，或有角者均称麒麟，无角者均称辟邪。《汉书·西域传》记：乌弋山离国（据《西域图考》在波斯南部）"有桃拔、狮子、犀牛"。孟康注："桃拔，一名符拔，似鹿，长尾，一角者或为天鹿（即天禄），两角者或为辟邪，狮子似虎……"。司马彪《续汉书》曰："符拔形似麟而无角"。《古玉图谱》云："双角曰天禄，无角曰辟邪。"众说不一，而今一般通俗又均称狮子。其于东汉时传入中国。《后汉书·张让传》记：灵帝于洛阳兴建宫殿，"又铸天禄虾蟆……"。考天禄即此类神兽。汉代因殿前铸天禄与麒麟，往往有天禄阁与麒麟阁之称。故知最初它们是置于宫殿前作装饰，后来才置于墓前。六朝陵墓前石兽，和汉代石兽有密切关系，而汉代石兽有一部分又受到西方的影响。所以到了六朝，此类石兽就综合了本土和西方二者的因素。

2. 石柱

一称神道石柱，或称华表、表，现通称石柱，但它和后来宋、明、清诸陵前石柱不同。后者除石柱外，又有华表，华表立碑亭旁，石柱立石兽前。考两汉时华表称桓表，三国时称桓楹，到六朝始称华表，原立在官寺、浮梁、邮亭前[8]。它由三个部分组成。上为柱首圆盖，往往是圆形莲花座，即《营造法式》中的"铺地莲花"式。这是六朝时期盛行的雕饰，显然受印度佛教风格影响。座上立一小石兽，往往刻成辟邪状，亦属于神兽一类。中为柱身，圆形，其上刻瓜棱直线形条纹，共二十四至二十八条，和古希腊雅典万神庙（Pantheon）石柱极似，在波斯百柱宫（Hundertsaenlensaal）亦可看到。柱身上端嵌一块小方形神道碑，左右两柱相对，一为正书，一为反书，或均为反书或均为正书，写墓主人某某之神道。反书之说，梁庾元威认为是大同年间（公元535～545年）东宫学士孔敬通所创（《论书》）。这是一种特殊的书写体，仅见于神道石柱题字。现能辨认的有梁文帝萧顺之（公元444～494年）和吴平忠侯萧景（公元477～523年）两墓的石柱神道碑。萧顺之墓两柱，一为正书，一为反书。萧景仅余一柱，为反书。此二人均葬于大同之前，可知这种反书在梁代早年即有，庾称大同中始创，并不确实。不过梁代前后均未见，仅流行于一时。从神道石柱碑上题字可以证实，《隋书·礼仪志》所说梁天监六年（公元507年）皇帝诏令"申明葬制……唯听作石柱，记名位而已"，即说明其作用是"记名位"，亦即我们所说的起一种标志墓主人身份的作用。《隋书》又记："凡墓不得造石人墓碑……"，但从实例看，凡陵墓皆有墓碑，说明皇帝诏令当时已不起作用了。

石柱上的方形石碑下装饰一块大小与石柱直径相同的方石，其上雕刻三个怪兽，方石下为一圈绳辫形围带，然后是一圈双龙交首的纹饰围带，形象极为生动。这些动物形象与汉代武梁祠雕刻和唐墓中镇墓兽的风格颇相似。下为柱础，分两层，上层刻一对有翼的怪兽（有人称蜥蜴），口内含珠；下层为一方石，和《营造法式》上的"柱础角石"式同。其四面均有浮雕，多为动物形象。柱础大都长期埋在地下，多已漫漶不清。

3.石碑

早在汉代即有，碑首作圭首形，到六朝碑首作琬首形，左右双龙交辫，环缀于碑脊。碑身除刻写文字外，还在侧面加饰浮雕，多为鸟兽花叶纹，是一种新的装饰手法。这种装饰往往分为八格，每格刻一种纹饰，内容是鸟兽神怪动物，与石柱上怪兽类似。分格处饰忍冬缠枝纹。碑座为一龟趺，龟首高昂，颇为雄伟。按龟座亦始自汉代，如柳敏碑、汉字碑等均是。《营造法式》中有"鳌坐写生"一条，大概与古代将龟与龙、凤、虎等均列入吉祥之兽一类有关。六朝陵墓碑文，现除萧憺（图二二）、萧秀墓前尚有可辨认者外，余均不清或已不存。此两碑均为吴兴书法家贝义渊所书，是典型的南朝楷书，可供研究书史者参考，并可补以往"南帖北碑"之说的不足。再加上萧敷夫妇墓志拓片的发现及萧融夫妇墓志的出土，更为有关的研究提供了宝贵的实物资料。对前者何绍基题跋："笔法精美

图二二 江苏南京甘家巷梁萧憺墓石碑

宕逸，南碑而并有北碑之胜，真瓌宝也。"程恩泽题跋："梁书流传至今，具右军法者唯瘗鹤铭及此铭，若始兴忠武王碑盖其次也。"[9]他们认为这两块墓志的书法既具北碑之胜，水平又在萧憺墓碑之上。所以书法艺术到了六朝，有了划时代的变化，从篆、隶进化到行、楷，奠定了现代书法的基础。

这三种墓前石刻装饰，现存者以石兽居多，有石柱、石碑并存者较少。而最能代表六朝陵墓的特色，并有一定艺术价值的也是这类石兽。麒麟按外观又可以分成两大类：一类是兽身平整、装饰简朴的；另一类是兽身窈窕、装饰华丽的。前者雕刻浑朴有力，大多数颈项短肥而头部直昂向上，如齐陵石兽；后者雕刻灵活生动，大多数颈项较长而倾斜，头部稍大向前，如陈诸陵石兽。它们都呈现出胸部挺昂、腹圆臀厚的作风。头部朵颐隆起，口作圆形或方形，嘴角均有短毛小翅，个别的角上装饰鱼鳞纹和卷曲的短毛。大多数为短翼，翼膊亦有鳞纹或涡汶，腹部衬以羽翅纹。它们的胸、臀部也有花纹，但装饰简单，仅起陪衬作用。尾均下垂，尖端卷在足趾上或直立在地面上。足似狮爪。从装饰风格上看，所有麒麟大致以装饰细致繁复的时代较晚。从艺术作风上看，虽有继承汉代的因素，如翼和翼膊与武氏祠、宗资墓前石兽有类似之处，但到了六朝，表现手法更为丰富，短翼之外衬以羽翼，令人不觉得体态笨重，而有振翅欲飞之感。雕刻的技巧亦随体形而异，如宋武帝陵前石兽兽身平整，装饰简朴，则用方刀法；齐武帝陵前石兽兽身窈窕，装饰繁复，则用圆刀法。不过总的看来，用圆刀法者居多，较之汉代雕刻刀法的简便粗放有很大进步。

辟邪的体形和麒麟有类似之外，头部（除有角外）和翼部也没有多大区别，但往往颈短而肥，伸舌于前，装饰多数简朴，雕刻浑厚有力，别具风格。其雕刻用方刀法的如萧秀墓前辟邪，用圆刀法的如萧憺墓前辟邪。总的区别不似麒麟那么突出，变化较少。所以麒麟大部分以华丽窈窕见长，辟邪大部分以雄伟朴实见长。

从雕刻艺术、形态作风综合来看，所有石兽一方面继承了汉代传统（如上述的一些例子），另一方面又吸收了西方的一些特色，如和波斯、希腊的一些神兽形象类似，但又不仅局限于这二者，而是加以综合并有发展，自成一格。即在接受外来因素的时候，采取以固有传统为主，在不断的艺术实践中，加以融合吸收。既体现了较为生动、活泼、优雅的特点，也流露出六朝繁华享受、颓废放荡的生活气息。它们所表现出的雄伟朴实、华丽窈窕，则是中国的固有传统和吸收了外来神话传说因素及艺术夸张的表现手法，结合时代特点进行再创作所形成的一种新的艺术风格。很多艺术家欣赏这些石兽的风格，既有威武凶猛的气魄，又有轻倩柔和的情调。二者自然融合，毫无矫揉造作、呆板抄袭之感，是我国古代雕塑艺术史上的杰作。但它们受时代的局限，也有一些不足之处，例如宋文帝陵前石兽头部装饰过于华丽繁杂，虽有一种浪漫色彩，但也给人一种头重脚轻的感觉。总的来说，虽然麒麟、辟邪有所区别，但六朝陵墓石兽由朴拙凝重向着矫健灵活转变，似乎是一个基本的变化规律。

同样，在石柱和石碑上，也有一些具有西方特点的雕刻，但更多的是它们和中国的固有传统艺术融合在一起，形成的一种独特风格。如萧景墓前石柱，在希腊式的直条瓜棱圆柱顶部立印度式的莲花圆盖柱首，柱身下面是中国固有的吉祥之兽的柱础。整个造型比例恰当，风格统一。萧憺和萧秀墓前石碑，虽有一些西方神怪动物和禽鸟的装饰，但从整体上看，还是以中国固有的传统为主。这些石柱和石碑将外来因素与固有传统有机地结合在一起，形成了一种新的风格。特别是石柱的造型，远远看去，亭亭华盖，巍然耸立，颇具有江南典雅优美的特色。当时艺术工匠的高超技艺，迄今仍值得我们借鉴。

注　释

［1］杨宽《中国古代陵寝制度史研究》，第 39 页，上海古籍出版社 1985 年版。

［2］《宋书·武帝纪》卷二，第 29 页，中华书局 1974 年点校本。

［3］徐苹芳《唐宋墓葬中的"明器神煞"与墓仪制度——读〈大汉原陵秘葬经〉》，《考古》1963 年第 2 期。

［4］《梁书·侯景传》卷五十六，第 850 页，中华书局 1983 年点校本。

［5］《北史·孝行传》卷八十四，第 2835 页，中华书局 1987 年点校本。

［6］《晋书·礼志》卷二十，第 633 页，中华书局 1987 年点校本。

［7］《南齐书·豫章文献王传》卷二十二，第 414 页，中华书局 1983 年点校本。

［8］《汉书·酷吏尹尝传》卷九十，中华书局 1975 年点校本；《晋书·五行志》卷二十九，中华书局 1987 年点校本；《南史·齐高帝本纪》卷四，中华书局 1983 年点校本。

［9］上海博物馆《梁萧敷王氏墓志铭》，《书法丛刊》1982 年第 5 期。

五　世家大族墓和一般墓

（一）中原地区

此地区包括黄河中下游，北迄燕山、南抵淮河。墓葬可分为曹魏、西晋（公元 3～4 世纪初），十六国迄北魏迁洛以前（公元 4～5 世纪末），北魏迁洛至北齐、北周（公元 5 世纪末～6 世纪）三期，前后长达三个世纪，简称魏晋北朝墓葬。

1. 曹魏、西晋时期

曹魏墓葬在形制结构方面，保持了东汉末期特点，为斜坡墓道、甬道、耳室和方形前室、长方形后室的砖墓。洛阳地区魏墓属多室砖墓，有甬道和长斜坡墓道，在前室设斗帐，帐构有正始八年（公元 247 年）八月纪年铭文，帐前放日用器物，耳室为厨房和仓库。江苏徐州的曹魏墓有石室墓和画像石墓，平面布局与上同。西晋墓葬以洛阳为最多，已从多室墓向单室墓过渡。墓室多为砖室，长墓道，如元康七年（公元 299 年）徐美人墓。其墓道长 37.36 米，墓室平面呈方形，四隅有角柱，墓内有碑式墓志（图二三），并出土贵重金饰和大量陶质明器。陶俑中有深目高鼻的少数民族形象及具时代特征的方形多子榼、翻口罐等。少数贫民的浅葬土坑竖穴墓，仅有一两件陶器随葬。郑州、南阳、北京和河北南部也有类似的西晋墓发现。如北京西郊永嘉元年（公元 307 年）王浚妻华芳墓，墓室

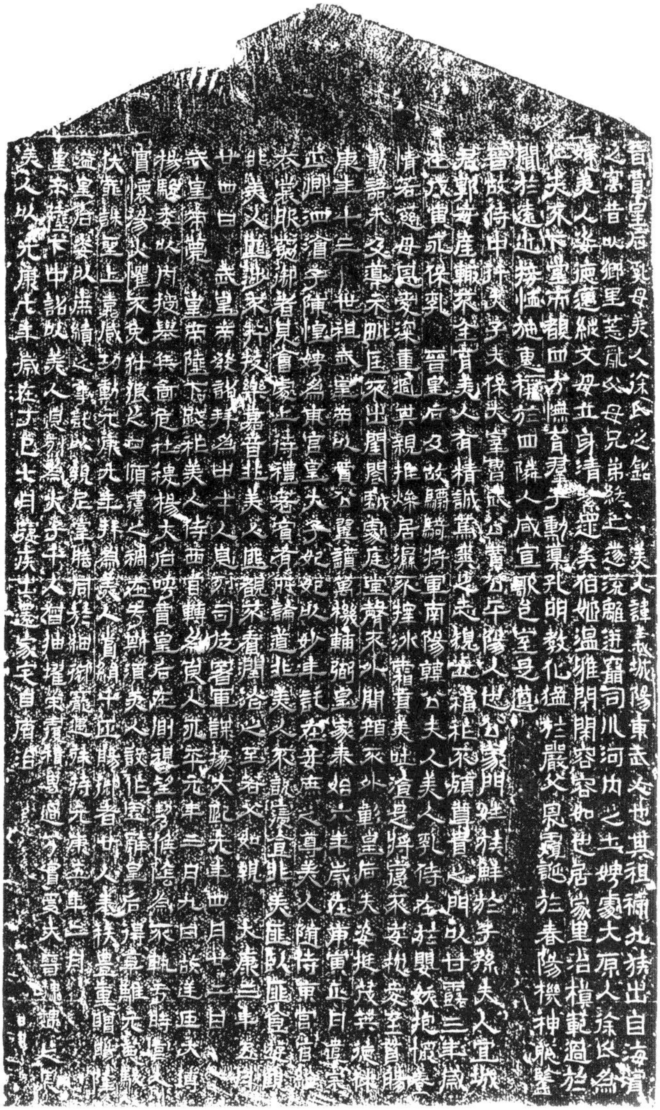

1

图二三　河南洛阳出土西晋徐美人墓志（拓本）

1. 正面　2. 背面

前设长甬道设双重石门和四堵封门砖墙。这些墓内出土的墓
志，其内容反映了西晋封建等级制度和世家大族势力的上升。

2．十六国至北魏前期

这一期墓葬发现较少，仅限陕西西安和河南安阳两地。西安嘉里村方形单室洞室墓出土物与洛阳西晋墓接近。草厂坡1号墓虽结构似西晋墓，但出土八十余件陶器。其中除二十多件男女侍俑和乐俑外，还有军事气氛极浓的出行仪仗俑群、陶牛车和甲骑具装仪仗俑等。这是目前发现最早的有关魏晋南北朝军事史的实物资料。

3．北魏后期至北齐、北周时期

北魏迁洛后的墓葬在洛阳发现很多，东魏北齐墓多在河北临漳、磁县一带，太原附近则多北齐墓，陕西汉中多西魏墓，华县、咸阳一带又多北周墓，河北、山西发现的多为东魏、北齐墓。较重要的有河北赞皇北齐外戚李希宗夫妇墓，磁县北齐皇族高润墓，景县大族封延之、封子绘墓，平山北齐礼部尚书赵州刺史崔昂夫妇墓，山西太原圹坡北齐张肃俗墓，太原南部直□大都督高柳子辉墓，祁县北齐骠骑大将军青州刺史韩裔墓，寿阳北齐定州刺史太尉公顺阳王库狄回洛墓等。这些墓大都是土洞墓，少数为砖室墓，由墓道、甬道及墓室构成。有的墓室有壁画，多着色，绘四神、植物及墓主人仪仗等内容。随葬品以陶俑最多，包括武士、仪仗、男女侍从等三大类。其次是陶瓷器，特别是青瓷，胎质为白色、土黄色和浅红色。其釉色除有青、青黄、豆青色外，还出现了黄色、酱色和黑色釉，说明此时已能烧造其他釉色瓷器。值得注意的是高润墓使用了护胎釉的青瓷器，反映出河南北部、河北南部是当时中国北方瓷器的制造中心。少数墓中发现罗马金币、金戒指、雕狮玛瑙带饰、胡俑等，是研究中西交通史的重要资料。

以上所说的许多世家大族墓，如河北景县封氏墓群、高氏墓群、赞皇李氏墓群、山东临淄崔氏墓群等，均以族葬自成墓区。封氏是汉以来关东大族之一。其墓中发现了北魏、东魏、北齐、隋代墓志五合，有封魔奴、封延之夫妻及封子绘夫妻等志铭，为研究当时大族崇尚族葬的问题提供了重要的资料。此外尚有其他遗物三百余件。其中珍贵的青瓷尊，是当时北方青瓷的代表作。这时期墓葬可分为大、中、小三型。大、中型只有少数为前后双室砖墓，大多数是方形单室砖墓或洞室墓。墓室和墓道两壁有绘画，内容有四神、宴乐、车马出行等等。墓中多出玉、珠等饰件，表明墓主人原具朝服葬。其他随葬品仍以大量仪仗和伎乐侍俑为主，只是种类更多，造型更为精美。瓷器和低温铅釉陶器日益增多，仿西方金属器锤镍花纹的堆塑贴花技法，也在陶瓷器上流行起来。这和当时不断发现西方货币、玻璃器皿、贵重金属装饰器和胡俑等有密切关系，说明当时中原地区和中亚、西亚有着频繁的往来。同时出现的平置带盖的墓志及神道碑、石人、石兽和兴建高大的坟冢、家族茔地等做法，也说明这些王朝逐渐汉化的情况。

（二）北方地区

此地区包括嫩江、辽河以西，长城以北，西至新疆以东的地区。以北魏时期墓葬居多，其次是河西魏晋十六国墓葬。

北魏墓葬发现于拓跋氏活动中心的盛乐故城东南 40 公里的美岱村，这里有一批公元 4 世纪末拓跋贵族的砖室墓群，随葬器物主要有细泥轮制陶器，镰斗、勺、灯等铜器，漆耳杯、漆鞘铁刀等。其与汉族墓群没有太多差异，仅随葬品中有铜鍑、铜铃和铜制的羊距骨等拓跋鲜卑墓葬中常见的器物。另

图二四　山西大同北魏司马
金龙墓出土仪仗俑

外，一座墓内祔葬有"皇帝与河内太守铜虎符"。这种护军铜
虎符曾在平城遗址中发现过。

北魏都城平城附近也有很多砖室墓。它们为有前后室和二
重石门的大型墓，如大同东南郊发现的北魏琅琊王司马金龙与
其妻姬辰的合葬墓。因其是降附于北魏的西晋皇族，深受宠
信，故其墓葬形制仅略小于北魏文成帝文明皇后冯氏的永固
陵。他死于太和八年（公元 484 年）。其墓中出土的文物，有
重要的历史价值。墓室用特制的铭文砖砌筑，砖铭为"琅琊王
司马金龙墓寿砖"。全墓长 63 米，前后室为四角攒尖顶。出土
遗物有碑形石墓表及陶俑和动物俑约 400 件，其中半数是披有
铠甲的步、骑兵和战马，还有马身上附的马镫等物，显示出游
牧民族的特色（图二四、二五）。后室的石棺床四周刻有承托

图二五　山西大同北魏司马金龙墓出土侍俑

状力士和带忍冬图案的壶门及伎乐、龙虎、凤凰、金翅鸟等形象，雕刻精美。特别是一具彩绘列女等题材的漆屏风，虽仅存部分屏板和刻工精良的石屏趺，但仍反映出北魏书、画、雕刻高超的艺术水平，是十分珍贵的实物资料。

　　平城北魏中型墓多在大同西郊，如封和突墓（公元501年）。其为弧方形单室，长甬道，棺前置陶瓷器，墓室角隅置石灯，圆首墓志竖室前方，随葬品有银耳杯、高足杯、鎏金银盘各一件。银盘盘心锤牒出执矛猎野猪的图像，是一件罕见的波斯文物。和山西大同中型墓类似的墓葬，也发现于内蒙古呼

图二六 甘肃嘉峪关魏晋墓出土宴饮和牛耕图砖画（摹绘）

和浩特市区。从出土遗物得知，这是一早期拓跋贵族墓，但却有着浓厚的汉化倾向。由此可以看出，北魏迁洛前和南方来往频繁。

在甘肃西部酒泉、嘉峪关、敦煌一带，发现很多魏晋十六国墓葬，多分布在戈壁滩上。墓冢由砾石堆成，大中型墓在洞室内

图二七　甘肃嘉峪关魏晋墓出土采桑图砖画

砌砖室,多分布在酒泉和嘉峪关,敦煌则多中小型墓。这些墓葬中的魏西晋墓,大型墓具前、中、后三室,中型墓具前后二室,墓门拱券之上砌有建筑雕饰和彩绘的高门楼。墓室内部壁面嵌砌画像砖或绘小幅壁画,内容有宴饮、厨事、庄园耕牧、采桑、打场等生活和生产场面(图二六、二七),以及坞壁形象等。嘉峪关新城1号墓、敦煌佛爷庙湾翟宗盈墓都是代表例证。

西晋末十六国墓,在酒泉丁家闸发现有前后室的中型砖室墓,门楼雕饰、墓壁彩绘和上述者同。有的壁画中出现了西王母、东王公、羽人、神兽和各种云气纹样,墓主人持麈尾坐榻上,前置凭几,上绘曲柄盖。敦煌多单室洞室墓,无壁画。较大的洞室墓除随葬有陶器外,还有蝉纹金饰、铜饰、铜钱、铁剪和云母片等。较小的洞室墓只有陶器、铁镜和少量铜钱。

（三）东北地区

包括辽河以东、鸭绿江以北地区,主要发现的是魏晋十六国和高句丽墓葬。

1. 魏晋十六国墓葬

在北自沈阳、南迄旅大这一范围内，辽阳以北多砖室墓，辽阳附近多石板墓，旅大地区则多小石板墓，而以辽阳为中心的墓葬可作为此地区的代表。

辽阳是平州和辽东郡治襄平所在，墓葬分布于市郊各处。其结构多为用石板支砌的平顶多室墓，室内壁面有彩绘壁画，和这一地区汉壁画墓有一脉相承的关系，可分作前后两期。

前期（曹魏至西晋），约公元 2 世纪初至 3 世纪初，又分大小两型。大型墓是用石灰板岩支砌的多室墓，左右椁和棺室已结合为一体，由夫妇合葬变成家族多人合葬。如三道壕令支墓内壁画以墓主人宴饮家居和车马出行内容为主，前室右耳室绘宴饮，左耳室绘庖厨，出行画面上绘有牛、马形象。另外，壁画题材还有日月、楼阁、门卒、武库等。大型墓葬葬具除漆木棺外，开始流行将尸体陈放在尸床上的无棺葬，头枕两端起翘的石灰枕。随葬器物以陶器为多，常见井、灶、俎、案、耳杯等明器，还有装饰品、铜镜及剪、尺、顶针等用品。小型墓是用石板支砌的单室墓，长仅容棺，有的仅用石板砌成棺床，时代有西晋太康二年（公元 281 年）瓦当为证。

后期（东晋十六国），约公元 3 世纪初至 4 世纪初。墓室仍用石板支砌，结构与前期同，惟墓顶由前期石板平铺，改为前室从四壁上部用四层石板抹角叠砌，中间形成方形室顶，再以石板铺盖。壁画内容同前期，但着重绘墓主人像。如上王家村晋墓，墓主人像绘于前室右侧耳室壁上。其端坐在一张朱色覆斗帐的方榻上，榻后列曲屏，帐顶饰仰莲，四角有龙衔流苏，榻右侍立捧笏面向主人的属吏，墨书题名为"书佐"。这时葬具用木棺，随葬器物仍以陶器为主，也有少量青瓷和钱币。青瓷可以看出是江浙所烧造，反映东晋时期辽东地区与江南的往来。抹角叠砌的墓顶结构及壁画的题材和构图，对高句丽壁画的发展有很大影响。

2. 高句丽墓葬

主要分布在长白山脉南段以南，以桓仁为中心的浑江流域和以集安为中心的鸭绿江北岸，长白山脉以北多晚期遗迹。

高句丽很早就生活在东北浑江、鸭绿江一带，公元前 1 世纪建立政权，公元 427 年迁都平壤，魏晋时期一直与中原地区保持密切联系，所以从遗留在中国境内的高句丽墓葬中，可以看到中原文化对它的影响。高句丽墓葬分为石墓和土墓两类，以桓仁、集安最为集中。

桓仁高句丽墓群约属汉魏时期，是研究高句丽早期历史的重要资料。桓仁五女山城南浑江东岸，有一处墓群，长一千余米，多是在地面上用自然石块叠砌的积石墓，也有少数石室封土墓，分为大、中、小三型。大型墓都是积石墓，共七十座，有墓坛、围墙和护墙。尸体和随葬品放在墓坛铺砌的平面上，再用石块封盖。有的南北两墓相连，近似双室墓。出土遗物很少，有铁兵器、马具，如刀、矛、镞、衔、带扣等，还有陶罐、陶壶及鎏金铜饰片、银镯、铜镯等。中型墓用石块和石板砌成平面长方形墓室，顶上用石块封盖，然后封以积石或土，随葬品极少。小型墓仅以石板或石块叠砌成长方形小室，上盖石板，状似石棺，顶部封石，均无随葬品。这三种类型的墓葬反映出墓主的不同身份。大型墓显然是最高统治者的家族葬地，应按族系和行辈排列，这和中原及南方地区世家大族墓的葬俗是相同的。

集安高句丽墓群分为积石墓和壁画墓两大类。

积石墓包括王室、贵族、平民墓，时代从公元前 1 世纪开始，以公元 2 至 5 世纪最多，亦属汉魏两晋时期。主要分布于吉林集安岭前、岭后，以通沟一带最为集中。按时代前后可分为以下五种：

（1）方丘状积石墓

以碎石或砾石堆成墓基，上部造长方形椁室，再封以碎石或砾石，形如方丘。

（2）方坛积石墓

以经过修琢的巨形石块或长方形石条垒砌方坛，椁室居上，再用碎石和砾石为封。出土遗物有五铢钱、黄釉陶壶、鎏金铜质或铁质马具等。

（3）方坛阶梯积石墓

以巨石块或石条筑成二至五层方坛，逐层内收呈阶梯状。椁室居上，有单室、多室之分，积石为封。

（4）方坛阶梯石室墓

多为王陵。如将军坟，呈阶梯式金字塔形，每边长 31.58、高 12.4 米。用巨形花岗石条砌成，共七级，墓室放在第五级，长宽各 5、高 5.5 米。顶部以巨石覆盖，墓壁每面以三块巨石倚护，气势雄伟，筑造精致。

（5）封石洞室墓

墓室砌于地表，抹角垒砌，巨石盖顶，积石为封。有的墓室有方坛，出土马具、陶壶等遗物。

壁画墓均为王室、贵族墓，时代从公元 4 世纪至 7 世纪初，分布于集安县集安镇安镇岭前麻线沟迄长川一带。已发现的壁画墓约二十座，皆用石材砌筑，封以黄土或砾石，墓室有单室、多室之分。多早年被盗，遗物无存。墓内壁画反映了高句丽贵族的生活和社会风俗，有重要的历史、艺术价值。大致可分为三期：

（1）前期

多绘于白垩壁面上，以描绘贵族生活的内容为主。如角抵墓四壁绘墓主人踞机上，妻妾侍宴，两壮士于宴前树下角抵，一老翁拄杖观看，车马待驾。笔法朴拙奔放，单线平涂，设色简单。

（2）中期

在描绘贵族生活的同时，出现四神图。另外，还有宴饮、狩猎、攻城、出行图等。如三室墓四壁绘力士、武士、飞禽、走兽，藻井有日月星辰、仙人奇兽等。内容丰富，线条奔放。又如长川1号墓，还绘有佛和菩萨像。

（3）晚期

壁画直接绘制在平整的石面上，如五盔坟5号墓四壁除绘四神外，还衬以莲花火焰网状图案，四隅有人身怪兽，藻井有伏羲、女娲、羽人、伎乐天等。画面点缀鎏金花饰，鸟兽眼睛均以绿松石镶嵌。设色浓重绚丽，线条遒劲又富于变化，代表了高句丽壁画艺术的水平，从中也可看到中原文化的影响。

总之，积石墓流行于公元3至5世纪，以桓仁墓群时代为早，均为积石墓。集安墓群时代较晚，先为积石墓，后为封土墓。积石墓发展序列和形制为：积石墓→方坛积石墓→方坛阶梯积石墓→方坛阶梯石室墓→封石洞室墓。封土墓与积石墓并行交叉出现，盛于公元6世纪，发展序列和形制为：有坛封土石室墓→阶梯封土石室墓→封土洞室墓→封土石室墓。

（四）新疆地区

主要是吐鲁番的魏晋十六国墓葬、车师墓葬和麴氏高昌墓葬。

1. 吐鲁番魏晋十六国墓葬

吐鲁番是新疆通往内地的重要枢纽，这里发现不少古代遗址和墓葬。哈拉和卓（高昌城）、雅尔湖（交河城）两处古城郊外保存了大批古代墓葬，属于唐设西州以前的可分两期。前期是魏晋十六国时期的墓葬和车师墓葬。后期是麴氏高昌墓葬，始于北魏景明元年（公元 500 年），终于唐贞观十四年（公元 640 年）。魏晋十六国墓葬，主要在哈拉和卓古城之北的哈拉和卓和西北的阿斯塔那两地。其中最早的纪年墓出泰始九年（公元 273 年）买棺木券，最晚的出柔然永康十七年（公元 480 年）残文书。这些墓均有墓道和洞室，少数墓中有壁画。葬具为木棺，有的用铺芦柴的梯架式葬具。随葬品中有不少纺织品，如麻、毛、棉织物，单色绢，还有刺绣、锦和织成履及绞缬和蜡缬的绢片。由于葬地气候干燥，还有纸质的衣物券保存下来。墓葬类型、壁画内容和中原、北方地区相似，说明这时高昌是属于凉州的。

2. 车师墓葬

车师人墓葬分布在雅尔湖古城北，多为竖穴墓，无葬具。随葬物仅为带把陶杯或浅陶钵，或内盛双杯的盘形钵。均系手制，器体厚重，陶质含砂，器底有烟炱，是实用器皿。这里墓葬贫富分化不明显，但清楚地显示出族别的不同。葬地属于车师前王庭所在，应即是车师人的墓葬。

3. 麴氏高昌墓葬

墓葬遍布两古城的郊外。它和魏晋十六国墓葬最大的不同是较普遍地出现了家族墓地，多为两座以上以至数十座排列有序的墓葬群。每个墓群皆有砾石围墙，说明麴氏高昌的大族世代控制着这里的政权。墓葬形制为方形，无耳室，室顶平圆。墓道中出现有记录墓主人姓名、官职和入葬时间的墓表，可据此研究麴氏高昌纪元的顺序和入葬规律，还可研究高昌官制，为识别高昌墓葬等级差别提供了依据。如高昌二级官吏墓室平面为方形，边长 4 米；三级以下官吏，则以边长 3 米左右为多。葬具为有粉饰的土尸床，尸体下垫苇席。有的死者眼上置波斯银币，口中亦含币。尸体上还覆盖有大幅绢地伏羲、女娲彩绘像，或在墓壁上悬挂绢质壁衣。丝织品中出现了中原织造的锦、绮之类的高级织物。流行随葬小型非实用绢质冥衣和卧具。有一墓中出现一种帽套式绢质面衣，前部缀饰一块长 20、宽 15 厘米的织锦，在眼的部位缝缀一片铅质"眼罩"。陶器比较粗糙，小件较多。有些墓中还发现完整或剪残的公私文书，是十分重要的文献资料。其中一墓出土了一件粟特文书，可以认为是高昌文字"兼用胡书"的物证。

（五）南方地区

此地区包括淮河以南和长江、珠江流域及云贵川黔地区。因为地域辽阔、经济发展不平衡、文化传统差异大，地方特点更为突出，故又可分为长江中下游、闽广和川滇三区。长江中下游是当时南方的政治、经济、文化中心，墓葬资料丰富，包含吴蜀、两晋、宋、齐、梁、陈各个时期的墓葬，具有一定的代表性。

长江下游南京附近地区，为吴、东晋、南朝各代都城所在，故发现的吴、晋、南朝墓葬数量最多。由于六朝墓中世家大族墓占突出地位，故作重点叙述。

在我国历史上，魏晋南北朝时期的士族门阀制度占有相当重要的地位，是我国封建社会形成和发展时期的一个不可缺少的内容。当时的士族等级森严，至东晋南朝发展到了高峰，所谓"上品无寒门，下品无势族"[1]。这一点在墓葬中也得以反映，如江苏地区的南京象山王氏墓群、老虎山颜氏墓群、雨花台和铁心桥谢氏墓群、东郊仙鹤观高氏墓群、宜兴周氏墓群等等。这些世家大族除了在墓中放置大量穷奢极欲的随葬品外，还规定凡豪门世族丛葬之地，他人均不得侵占。同时，士族大地主的庄园经济，也发展到了鼎盛时期。这种大土地所有制的发展，体现了封建社会的一个特点，在考古资料上也得到证明。如六朝时期居住在江南的世家豪族，南京象山王氏家族墓群，已发掘的十墓占地达 5 万平方米，而宜兴周氏家族墓群，已发掘的六墓占地达 5.7 万平方米。由此可以推测，他们生前占有的土地更为惊人。

现以宜兴西晋周氏墓群为例说明之。1953 年和 1976 年，南京博物院在江苏宜兴两次发掘西晋平西将军周处的家族墓群共六座，获得了重要的资料。这六座墓（编号 M1 至 M6），有纪年的为元康七年（公元 297 年）、永宁二年（公元 302 年）、建兴四年（公元 316 年）。根据它们排列的位置和地理环境，可以证实有关三国至西晋时期江南大门阀周氏家族的历史情况。其墓群在宜兴县城内东南周墓墩，墩形为一狭长的土丘，南北长约 140、东西宽 50、突出地面 4～6 米。各墓处在一列自北而南的窄长土丘内，早年都被盗掘和破坏。原有七个隆起的坟堆，发掘时仅存四个。这六座坟墓都是砖砌的墓室，有的是单室，有的是前后室，有的还有侧室，其中出土的文字砖是断代和确定墓主人身份的依据。周氏家族自周鲂父周宾始著，到鲂子周处和处子玘，札"四世显著"、"一门五侯"，直到西晋末、东晋初被王敦灭族乃衰。对照墓砖文字，1号墓为周处墓（有专题发掘报告）。4号墓有永宁二年年号和"关内侯"等字，可能是周鲂墓。5号墓有建兴、大兴、太宁年号，可能是周玘墓。其两侧室有人骨，可能是玘子周勰、周彝墓。此墓最大，也是周氏家族中最为显要者。2、3号墓因人骨年龄较幼，可能是周处子周札、周靖墓。6号墓位置最靠北，结构、规模、形制和出土文物均属六朝早期，可能是周鲂之父周宾墓。

周氏为江南豪族，"江东之豪，莫强周沈"。从墓葬规模来看，1、5号墓均长12米以上，余亦在6米以上，可以认为是当时的大型墓葬。这批墓葬中出土的精美青瓷，说明西晋时期我国瓷器的发展已进入成熟的阶段，并可能就在当地烧造。这为研究中国瓷器的发展提供了重要的实物资料。同时也说明只有像周氏这样的土族，才有可能使用这样精美的瓷器。

根据考古资料，可以概括长江下游和南京地区墓葬有如下几点规律：

第一，葬地选择和排列十分讲究风水。世家大族葬地的选择，也和六朝陵墓一样，均分布于土山丘陵的半麓，十分讲究风水。今以南京北郊世家大族墓地形为例，可看得十分清楚。《颜氏家训·终制》云："先君先夫人皆未还建邺旧山，族葬江陵东郭……。"这里所说的"先君先夫人"，即《颜氏家训》作者颜之推的父亲颜协及其妻。协为湘东郡王萧绎的正记室参军，萧绎于公元552年即位江陵，是为东晋元帝，故颜协夫妇死后均外葬江陵。颜之推所指"建邺旧山"，当为今南京中央门外老虎山颜氏家族葬地。这里已经发现光禄大夫颜含后代家族墓多座。考古资料证明，士族门阀生前聚族而居，兼并土地，死后仍旧聚族而葬，拥有大片土地，他族不得侵占，而且选择了最好的"风水宝地"作为葬地。除老虎山颜氏家族葬地外，象山王氏家族墓也是如此。特别是其中王丹虎一墓的发现，更说明了这一情况。王丹虎是王彬之女，死于升平三年（公元359年），终年五十八岁，终生未嫁。她的墓葬在其父王彬墓旁，单独立一墓穴，随葬遗物丰富，同时还有墓志出土。这在封建社会男尊女卑的习俗氛围中，恐怕只有世家大族的女儿才会有此殊荣。

由于世家大族聚族而葬，同族墓葬按照封建社会长幼尊卑的辈分排列，故有一定的顺序。现仍以王氏、颜氏、周氏家族墓为例。象山是东晋初年尚书左仆射王彬家族的葬地。王彬官"散骑常侍、尚书左仆射、特进卫将军、都亭肃侯"，长兄为旷，次兄为廙。旷为丹阳太守，廙为荆州刺史。彬有彭之、翘之、彪之、兴之、仚之诸子，及女丹虎、孙闽之等。1964年至1998年，南京市文物保管委员会先后在这里清理了王兴之（1号墓）、王丹虎（3号墓）、王闽之（5号墓）、夏金虎（6号墓）、王仚之（8号墓）、王建之（9号墓）等人的墓葬。王闽之墓在王兴之与王丹虎两墓之间的后面居中，王兴之与王丹虎为同辈之兄妹或姐弟并列居前，而王闽之为其子则居后，但王兴之之父王彬的继室夏金虎却列于偏左之更后，很有可能非王氏本族的墓则葬于另一侧。此外，7号墓据考可能是王彬之兄王廙墓，则葬于王闽之墓后偏右上方。王彬之墓未出现，但据王兴之墓志，"葬于先考散骑常侍、尚书左仆射、特进卫将军、都亭肃侯之墓左"，又据王丹虎墓志"葬于白石，在彬之墓右"来判断，故知王彬之墓应在王兴之和王丹虎两墓之间，但在这中间未发现墓葬，很可能早年已遭破坏而不存，而8号至10号墓则在1、5号墓东侧。因此，王氏家族墓也是按照长幼尊卑来排列的。老虎山是东晋右光禄大夫颜含家族的葬地，1号墓为颜含第二子颜谦夫人刘氏墓，2号墓为颜含长子颜髦之子颜綝墓，3号墓为颜含第三子颜约墓，4号墓可能为颜含之曾孙颜镇之墓。从排列情况看，1号墓最西，2号墓在东，4号墓最东，3号墓在1、2号之间，这是合乎长者在右（西）的规律的，1、3号墓应为同辈，2号墓低一辈，4号墓为最低一辈。宜兴周墓墩是西晋平西将军周处及其家族的葬地。其葬地布局是自北向南，最北可能是周处之祖父周宾墓（6号墓），其次为周处之子周玘及其子周勰、周彝墓（5号墓），之后为周处之父周鲂墓（4号墓），再次为周处墓（1号墓），之后为周处子周札（2号墓）、周靖（3号墓）墓。这些墓葬的排列，大致也是长者居北，幼者居南。

从上述三大家族葬地的排列次序可以看出，这些豪门士族的家族墓群均以辈分排列，或北长南幼，或前幼后长，或西长东幼（右长左幼），成一规律。但其排列次序也有灵活之处，如王氏墓地的王廙和夏金虎墓辈分较长，应排列在前，现则在后；周氏墓地周玘墓在其祖和曾祖墓之间。不过从总的分布情况仍可看出，**聚族而葬，按辈排列**，仍应是封建社会，尤其是门阀制度森严的六朝时期不可改变的规律。这也是古代封建统治阶级思想意识形态的一种反映。这种排列次序在汉代就有专

门规定。《汉书·王陵传》记："太尉勃为右丞相，位第一；平
徙为左丞相，位第二。"《汉书·诸侯王表》云："师古曰：'汉
时依上古法，朝廷之列以右为尊。'"然而魏晋时期官序又以左
为尊，而墓葬的排列虽不十分严格，但仍以右为上，可见葬制
仍沿汉代，不过到了六朝在士族门阀制度的影响下更为盛行并
已经形成制度。

　　第二，六朝陵墓有一普遍的特点，即绝大部分为砖室墓。
这显然是在汉代木椁墓的基础上发展而来。以砖椁代替木椁，
更适宜普遍用作墓葬建筑材料及长期保存。这一改进，可以说
是墓葬发展演变史上的一大重要改革，一直沿用到明清，甚至
现代。江苏地区六朝墓葬中的世家大族墓和帝王陵墓一样，全
为砖室结构。帝王陵墓迄今只见单室的大型穹隆顶砖室墓，但
世家大族墓的形制却有多种（图二八）。现将一般墓中的中型
砖室墓（可能是世族或官僚地主墓）分述如下：

　　（1）凸字形券顶墓

　　这是比较流行的一种形式，主要分布于江苏地区。此外，
在湖南长沙、福建、两广也有一些。

　　东晋时期：平面呈凸字形，墓室两壁为三层平砖纵砌，然
后一层横砖平砌，依次相间砌三层或四层不等，上部纵砌达
顶。后壁亦为三直一平砌法，主要是墓的左右两壁及后壁砌有
凸形小龛。个别大墓设有棺床，少数墓有陈放随葬品的祭台，
遗物大都置于墓室前半部。甬道结构与墓室同，仅较墓室为
窄，甬道口用砖封塞，个别在甬道中设有木门。铺地砖大多数
为席纹。

　　南朝早期（宋齐）：结构与上述相同。券顶多用楔形砖，
增加了两壁厚度。除凸形壁龛外，有的砌直棂假窗。砖砌棺床

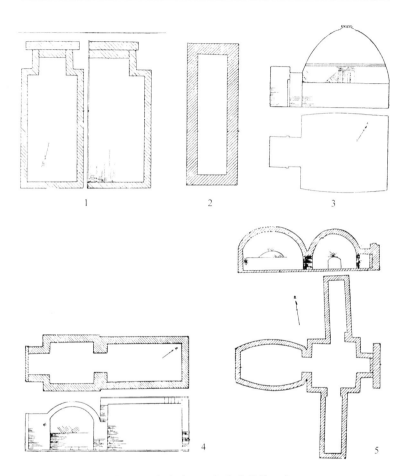

图二八 南方地区六朝墓葬结构示意图

1.凸字形券顶墓 2.长方形券顶墓 3.单室穹隆顶墓 4.前室穹隆顶后
室券顶墓 5.穹隆顶前后室附侧室墓

和祭台较为普遍。祭台上陈放的随葬品类别,相当于后世祭祀时
墓前所设的供桌,即所谓"神位即窆,乃下器圹中"[2]的"神位"。

南朝晚期（梁陈）：墓室结构略有变化，有些大、中型墓的左右壁和后壁略作弧形，壁龛少见。墓内设石棺床和祭台，甬道中有石门。

这些墓葬基本上都有排水设施，墓内有方形阴井，井口设陶或铜的漏水板，由墓底砖下所留的水槽，将墓内积水排出墓外，再从墓前的排水沟流出。

在这一类墓中，有一种刀形券顶墓，即甬道偏在一边，平面成刀形，为单室券顶。其主要分布在浙江和福建。

（2）长方形券顶墓

江苏地区为数不多，大多数分布于江西、浙江和广东。

它的平面呈长方形，左右后三壁均用直砖纵砌，少数也有用三直一丁砌法，上砌券顶。铺地砖一般平铺，无甬道。大多数墓无棺床。悉用三顺一丁砌法和有棺床的墓，时代较晚，可至南朝晚期。

（3）穹隆顶墓

分单室、双室墓两大类。

单室墓：平面呈凸字形，即甬道和墓室、墓壁全部用三顺一丁砌法构成基墙，基墙两端向中斜，四转角作弧形，接缝处作倒人字形。墓顶呈方锥式或圆锥式不一，合缝处用一块菱形砖密闭。大多数墓无棺床和祭台，遗物放墓室前半部。甬道两壁下也砌有凸字形小龛，龛内置青瓷小碗一个。甬道与墓室相接，但为券顶，中置木门，然后用砖密封。此类型墓多属西晋到东晋早期。

双室墓：可分前后室都是穹隆顶和前室穹隆顶、后室券顶两种。前者为数较少。其前室结构与单室墓同，后室较前室为大。墓壁砌法先以三顺一丁开始，仅砌两层，然后用倒人字形斜砌法砌墓壁中部，四壁收入渐成穹隆顶。铺地砖亦成人字形，无棺床和祭台，遗物放置在铺地砖上。后一种墓发现较多，其结构仅是前、后室的顶部分别为穹隆顶和券顶。有的墓室四壁和顶部相交的转角处往往伸出半块平砖，上面各置青瓷小碗一件，可能是灯盏。墓室内多有棺床和祭台。这两种类型的砖室墓也都有排水设施，早期系用瓦管连接，后期为砖砌。此类型墓多属三国中期到西晋末期。

（4）凸字形主室附长方形侧室墓

它的结构和一般平面呈凸字形券顶墓同，只是在墓室的一侧或两侧再加一个侧室，也有个别的在穹隆顶墓室的侧面加侧室的。这种附侧室的墓例不多，如江苏南京西岗西晋墓和宜兴周墓墩周玘及其子周嵩、周彝墓。

除此以外，尚有多室墓（如双室、三室并列），平面成重叠凸字形，但为数亦不多，仅发现在江西、福建、两广的少数地区。

六朝的砖结构、券顶墓始于汉代，穹隆顶墓始于六朝。它的结构有两种：一种是墓室顶部由四角向上砌券，称为"四隅券进式"；一种是由墓室四壁向上砌券，称为"四边券进式"。从建筑原理上看，都比券顶坚固，特别是"四隅券进式"顶，因为它将墓顶上的封土重量均匀地传向四壁，可以有效地提高抗压能力。从发现的实物资料看，大型单室跨度较宽的墓室必须用这种结构，因为一般券顶不能砌成较宽的墓室。这无疑是墓葬建筑史上的一大进步。不过，我们发现穹隆顶墓一旦遭到破坏，顶部的楔形砖一空，顶部往往就会全部塌陷，而长方形券顶墓的顶部，则不会全部塌陷。从现有资料看，早在东吴中期，长江中下游地区（如安徽马鞍山市朱然墓）就已经出现了

"四隅券进式"穹隆顶墓。

第三，墓葬中出土的文物反映了士族门阀制度的内容。

（1）魏晋南北朝时期，士族为维护其社会地位和政治经济特权，很重要的一项措施就是士族联姻。他们规定通婚必须衡量门第，必须符合封建等级制的"门当户对"，即只有士族之间才能彼此通婚，以排挤庶族寒门。所以当时士族门阀绝对不能和庶族寒门联姻，更不能和其他的"杂类"通婚。这在出土的墓志上可以得到有力的证明。如东晋时期掌握政治大权，凌驾于其他大族之上的最大士族——琅琊临沂王氏，他们当中的夏金虎、王兴之、王丹虎、王闽之等人的墓志，明显反映了这一历史事实。其他如谢琰、刘岱、谢鲲、张镇、明昙憘等人的墓志，亦无不如此。正如恩格斯所说："对于骑士或男爵，以及对于王公本身，结婚是一种政治的行为，是一种借新的联姻来扩大自己势力的机会，起决定作用的是家世的利益……。"[3]这是非常恰当的说明。

从这些墓志，可以看出世家大族联姻的身份、家世情况和相互的关系。它们如实地反映了联姻制度已经成了铭之于石的规定。士族联姻作为巩固门阀制度的一条纽带，在墓志资料上得到了充分反映和特别有力的证实，而文献资料上却写得很不够。

（2）自汉以来，世家大族大都聚族而居，因此汉代乡亭制到魏晋以后渐渐失去作用。世家豪门所居住的地主大庄园，以及由此所形成的地主庄园经济，往往成为士族门阀在经济上的一个重要立足点。他们凭借政治权力，竞相封固山泽，兼并土地。这类拥有大量土地和奴婢等等特权的情况，在出土地券中也得到反映。如曹翌墓地券中明确提到了二男奴、一女婢的名字，就是私拥奴婢的确证。孙吴时期，使用暴力把"山越"变为国家屯田上的隶属农民，开垦大量土地，分赐部下，大大发展了江南世家大族的庄园经济，扩大了地主的土地私有面积。因此，地券中反映的土地和奴婢的私人占有情况，是十分可靠的。

（3）自50年代以来，许多六朝墓葬，特别是世家大族墓中，往往出土了各种生活用品和牲畜模型，如磨、灶、舂、杵、臼、筛、箕、果盒、谷仓罐和猪、狗、鸭、鹅、羊等。这些器物虽然反映了当时的一部分社会生活情况，但更多的是反映了当时地主庄园自然经济的面貌。这种自给自足的自然经济，使地主庄园成为一个小小的独立王国，江南的膏壤沃野，尽为南北士族门阀大地主所侵占。其对当时的经济起了相当重要的作用。

图二九　江苏南京象山东晋王氏家族7号墓出土陶牛车

图三〇 深圳博物馆藏北朝铜牛车

（4）士族门阀由于崇尚门第，标榜清高，用政治、经济上的特权维护其统治地位，凭借自己的高贵门第和祖宗的显赫历史，坐取高官厚禄，因此可以专事享受"饱食醉酒，忽忽无事，以此销日，以此终年"[4]的生活。很多氏族墓地的随葬品，反映了这种穷奢极欲、腐化堕落的生活情况。牛车模型随葬在许多墓中可以作为上述文献的写照（图二九、三〇）。《颜氏家训·涉务篇》记："梁世大夫，皆尚褒衣博带，大冠高履，出则车舆，入则扶持，郊郭之内，无乘马者。""梁朝全盛之时，贵族子弟，多无学术。……无不熏衣剃面，傅粉施朱，驾长檐车，跟高齿履……"。六朝墓中出土象征墓主人的瓷俑，以及用陶、瓷、铜等所制的香熏等实物，均可以作为这些文献的佐证。

此外，魏晋南北朝墓中，往往在墓室四角和前室出土石质和陶质的步障座，很多大、中型墓还发现各种金银装饰品，这完全否定了魏武以来不准以金银和奢侈品随葬、号召薄葬的骗人鬼话。所以士族墓葬的随葬制度，不仅反映了统治阶级世家大族的物质要求，也反映了他们颓废堕落的精神状态和当时的习俗。

士族门阀制度是研究魏晋南北朝历史的一个重要组成部分，一些考古资料既证实了文献的记载，又补充了文献的不足。

第四，魏晋南北朝一般墓分布较广，全国各地都有。大体上长江中、下游（南京地区）和长江中游（武昌地区）的墓葬绝大部分为砖砌墓室，只有少量土坑墓，后者出现在湖南、江西、两广等少数地区并极具地方特色。砖室券顶墓依其平面结构又可分为刀形券顶墓和凸字形券顶墓，穹隆顶墓则可分为单室、双室（前后室）墓，还有一种墓为前室穹隆顶、后室券顶。此外，在凸字形券顶墓中也附有侧室，为单室或多室，平面呈十字形。

按墓葬形制，长江中下游两区可分为五期，即一期为东汉末到吴初，二期为吴中期到东晋初，三期为东晋，四期为南朝前期（宋、齐），五期为南朝后期（梁、陈）。此五期又可依型式分为四型十五式。这些墓葬结构的砖分长方形、刀形、楔形三种，大小约为 $32 \times 16 \times 4.5$ 厘米。由于南方潮湿，墓葬多在高地，并有排水设施，用砖砌或以瓦管构成。墓砖上往往印有文字，或为墓葬纪年，或为埋葬地点，或为墓主人官职和姓氏，或为造砖人姓名。墓砖上的文字多以隶书为主，也有篆书或楷书。大量墓砖上都有纹饰，如网纹、钱纹、菱形纹、花瓣纹等，东晋以后发展为以多块砖砌成一幅图案，或一幅画面。

此外，尚有贵州的石室墓和四川的崖墓，也是具地方特点的墓葬，这里不述。

江苏六朝时期已发现和发掘的墓葬，绝大部分属于统治阶级的帝侯和官僚地主，如上所述，和当时的一般贫苦人民"贫弱困窘，存阙衣裳，没无敛椁"[5]形成了鲜明的对比。南京附近出土一些竖穴土坑墓，个别墓在坑底铺一层砖，仅能容纳死者一人，随葬的只是几件陶器，同大型墓有绝对差异，应是劳动人民贫困生活的真实写照。另有少数平顶墓，规模甚小，平面呈长方梯形，无甬道和墓门。墓的四壁均用平砖顺墙直砌，上部也是平砖封顶，从剖面看亦呈梯形。封顶砖两端横跨左右两壁，然后逐层覆盖，均为侧立斜砌。地砖亦铺一层，为席纹。由于墓室窄小，长度约2、宽度前部0.7、后部0.4米左右，仅够容纳一具木棺，可能是先葬棺后再砌墓室。墓中随葬物亦很少，仅置于死者头部，大致为铜镜、青瓷之类的小件遗物。其比贫民墓略大一些，当为一般平民墓葬。

闽广地区开发较晚，因此发现的墓葬形制相当于长江中、下游的二至四期。墓葬也有一些地方特点，如室内加砌砖柱，两墓或三墓连建等。在随葬的陶瓷器皿中，有具地方特色的插器、子母盏盘等。四川、贵州、云南等地，墓葬颇为分散，且各具地方特点。四川成都附近的蜀墓接近汉墓，西晋后出现与长江中、下游型式相同的墓葬。广元、绵阳间发现的崖墓，仿自单室砖墓，也有两墓并列成双室墓的。贵州多小型石板墓，东晋以后随葬器物多与两广情况近似。云南墓葬发现地点在自川入滇的要冲姚安、昭通一带，姚安发现的咸宁四年（公元278年）大中大夫墓和昭通太元年间（公元376～396年）的霍承嗣墓，均为内地政权继续控制该地的实证。

注　释

［1］《晋书·刘毅传》卷四十五，第 1274 页，中华书局 1987 年点校本。

［2］《晋书·贺循传》卷六十八，第 1828 页，中华书局 1987 年点校本。

［3］恩格斯《家庭、私有制和国家的起源》。

［4］《颜氏家训·勉学篇》。

［5］《宋书·孝武帝纪》卷二，第 121 页，中华书局 1983 年点校本。

六　出土墓志和地券

在一些帝王陵和世家豪族墓中出土有买地券和墓志，为石制、砖制和铅制。它们是世家大族墓最典型的标志，兹专论如下：

（一）墓志

1. 发现概况

墓志是六朝墓中出土的重要遗物之一，过去对它们似乎注意不够。自 1965 年南京象山王氏墓出土王兴之夫妇墓志以后，引起了学术界的重视，但大多数人是从它的书法上着眼，实际上墓志所反映的内容远不止于此。1979 年，南京博物院于南京尧化门附近发掘梁墓，获墓志四方。据考，该墓可能是梁建安王萧伟之墓，由此证明六朝陵墓不仅墓前有碑，而且墓内有志。1980 年，南京市博物馆于萧伟墓不远的张家库，又获梁桂阳王萧融夫妇墓志两方，进而证实了传世的梁永明王萧敷夫妇墓志拓本的可靠性[1]。1988 年，南京博物院又在南京炼油厂发掘梁桂阳王萧象墓，获墓志一方。萧象为萧融嗣子，墓距萧融墓不远。上述墓志的陆续发现，促进了我们对六朝墓志研究工作的开展。

古代一些著录中收有六朝时期的墓志，如唐欧阳询《艺文类聚》和宋王厚之《复斋碑录》有"梁故侍中左卫将军建安敏侯萧公墓志"（萧正立），但朱希祖认为志文不全，墓志应未出土。南京江宁淳化镇尚存萧正立墓前神道石柱，上书"梁故侍中左卫将军建安敏侯之神道"。从我们已知南京梁代诸王墓早年均被破坏的情况来看，萧正立墓可能也遭到破坏，其墓志和萧敷墓志一样，今已不存了。此外，元陶宗仪《古刻丛钞》中尚有谢安曾孙谢涛墓志和宋武帝长沙景王之孙刘袭墓志。虽据记载墓在建康县东乡土山里和南琅琊郡乘武岗，但现均无考。

　　1949 年前，东南地区发现的六朝墓志屈指可数，赵万里在《汉魏南北朝墓志集释》中收集的，仅有绍兴出土南齐永明十一年（公元 493 年）吕超墓志一方。宋大明八年（公元 464年）刘怀民和梁太清三年（公元 549 年）程虔两方墓志出于山东和湖北，可算是南朝管辖范围。赵所集魏晋南北朝墓志绝大部分出于西安、洛阳等地，其中属东晋者极少，且均不出于南方。另端方、缪荃孙等人所收集的尚有许多伪刻拓本，如宋元嘉二十六年高景墓志、梁天监十八年司马娄墓志、梁大同二年陶弘景墓志、陈太建十年刘仲奉墓志等。故早年人们认为南方墓志罕见，有"北碑南帖"之说。近五十年来，据江苏地区已发表的材料，就出土墓志二十二方，如再加上 1949 年前出土和见于著录的，以及近年在南京附近马鞍山市出土的一方五块和最近新发现的，则共有三十多方。字数最多的 3705 字（辅国将军墓志），最少的仅八字（蔡冰墓志），其余大部分都在百字以下。墓志尺幅最大的为 107×84×125 厘米（萧伟墓志），最小的仅 28×15.5×4.5 厘米（刘剋墓志）。有的呈长条形（谢鲲墓志），有的则是方形（王闽之墓志）。

2. 演变和形制

　　过去有人认为"汉魏以前，墓石不独今所未见，即欧赵亦无著录。晋始有刘韬、房宣两志，仅记年月、姓名、爵里而已。至南北朝始有文字，后系以铭，两石为束，上为题盖，盖如碑额，有篆，亦有真书"[2]。这段文字将墓志的起源、作用和形制作了一个说明。作者叶昌炽系清代人，当时所见刘韬等墓志记有姓名、官职、籍贯、年月，已具备墓志的必要条件。但欧阳修、赵明诚二人的集古著录受到时代的限制，不可能全收地下文物（许多尚未发现），故不能以此来否定汉魏以前没有墓志。叶说南北朝墓志已有铭文并有志盖，今所见出土南朝墓志实物尚无志盖，所以叶的说法，也很笼统。

《西京杂记》称："前汉杜子春临终作文，刻石埋于墓前。"《博物志》载："西京时南宫寝殿，有醇儒王史威长葬铭。"但均未见实物。至于曲阜东汉的孔君碑，额题"孔君之墓"四字，赵万里认为此非墓碑，应为墓志，或即是后世墓志之始。以上诸说，都仅是文献资料记载而非定论，需找可靠的实物资料来作证明。赵万里所收墓志最早是东汉延平元年（公元 106 年）"贾武仲妻马姜墓志"。此志长达一百九十余字，已有死者生平和铭辞。另又据马衡考，西汉河平元年（公元前 28 年）左表的墓门上刻有死者的官职、姓名和年月的文字。惜早年流落国外，详情不知，可能是最早的墓志实物。这和我们近年在江苏邳县发现一座东汉画像石墓墓壁上刻的文字："故彭城相行长史事吕长缪宇……君以和平元年（公元 150 年）七月七日物故，元嘉元年（公元 151 年）三月廿日葬"（共 107 字）[3]，形式完全相同。它也有墓主的官职、姓名、卒年、葬期，并刻在墓门横梁的中部，但其时代为东汉元嘉元年，比左表墓晚 179 年，比马姜墓还晚 45 年。

根据上述几件实物材料和文献资料可知，墓志的发展和其他事物一样，也都有一个逐步完善的过程。这一过程并不是平衡发展的。墓志的作用，和墓碑一样，是把墓主人的生平、埋葬情况和后人对他的颂仰祝祷勒之于石，埋之于地，以期千秋万载，永世流传，铭志不忘。不过，墓碑大多数树于地上，墓志则埋于地下。早年的墓志，仅仅记载死者的姓名、籍贯、年龄、身份和生卒年月以及埋葬的时间、地点，或者更简略一些，后来才陆续有生平事略和颂词铭文。因此可以认为，如果基本上具备了前者的条件，即应称为墓志。它的起源应在西汉，到东汉即发展较为成熟，但是还同时存在具有简略的、早期

图三一　河南洛阳出土北魏吐谷浑玑墓志（拓本）

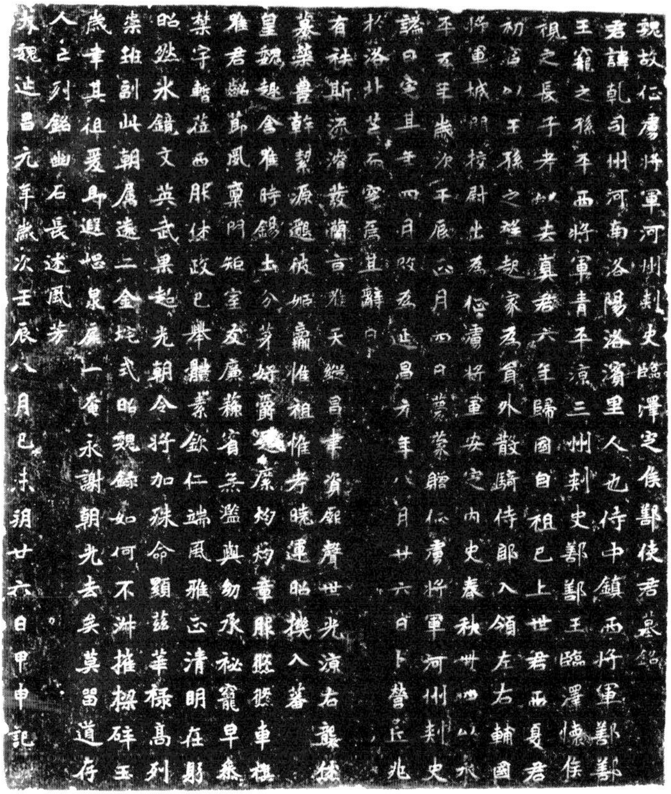

图三二　河南洛阳出土北魏郑乾墓志（拓本）

特征的墓志。上述的马姜墓志可为证明。因为马姜是伏波将军马援之女，明德皇后之姊，名门贵族，身份地位不同，葬制亦较隆重，故而墓志内容比较丰富，乃有志铭之类文字。而缪宇之墓虽较马姜为晚，但是身份较低，不另专刻志石，仅将简单的官职、姓名、经历和卒年、葬期及较短的铭文，刻在墓门内前室东壁横梁上。迄今我们所知，大量汉墓尚无墓志发现，可见其发展很不平衡。据此情况,在汉代随葬墓志一事,应该还未形成制度。

到了**魏晋南北朝**时期,特别是北朝墓志的大量出土,见于著录者累累(图三一、三二),惟东晋南朝墓(特别是南方地区)中较为少见。一是发掘者寥寥无几,故墓志出土甚少。二是东晋南朝刻石禁锢甚严,虽流于形式,但墓中也随葬墓志不多。据现在所见有志之墓,其主人均属高级官僚阶层,而一般墓葬甚少或无墓志。三是当时墓志形制无固定规范,可以认为随葬墓志也还没有形成制度。四是南方土质潮湿,南京附近丘陵地区的丛葬之地均为下蜀系黄土。这是一种酸性灰黄色黏壤土,极易起腐蚀作用。今所见大多数墓志为石灰岩,在地下长期被侵蚀,字迹剥落,漫漶不清,甚至志文全部不见。这些墓志放在墓内,发现时往往被误作石板或石案,而不知为墓志。我们在南京发掘萧秀、萧伟等陵墓时,就遇有此类情况。这时因为刚刚开始有志铭,故也有不一致的地方,如有的墓志没有题额(如程虔墓志)。有的铭辞放在志文当中,或前或后,并不固定(如刘怀民、明昙憘墓志)。所以,六朝时期埋葬墓志尚不能认为是一个普遍的现象。

这里需再强调一下墓志的作用。据上所述,墓志实际上就是放在墓中的有死者传记的石刻(或砖刻),上面记载了死者的姓名、籍贯和生平。但在这里所总称的墓志,应把志文中的铭也包括在内,准确地说,完整的墓志应包括志和铭两部分。志多用散文记死者姓氏、籍贯、生平等,铭则用韵文概括全篇,是对死者的赞扬、悼念或安慰之词。现在不论仅有前者或后者以及两者均有的,都应称志。同时,我们还应将志与碑区别开,志应指专门埋在地下坟墓内者。有的称墓志为碑志,把碑和志混淆,这种笼统提法似应纠正。墓志的作用,虽如上述，主要记死者的生平经历，但在今天，我们认为它是一项重要可靠的实物资料，一方面可作墓葬断代的确证，另一方面可补史书的不足，甚至还可订正史书上的一些谬误。由于墓志有这方面的作用，往往志文部分较志铭部分更为重要。这正是引起我们所重视的原因之一。

墓志形制和墓碑有关，墓碑可能早于墓志出现。南朝《宋书·礼制》记："汉以后天下送死奢靡，多作石室、石兽、碑铭等物。"可知当时立碑已成风气，但由于后来屡次禁碑，此风可能稍刹。"建安十年，魏武帝以天下凋弊，下令不得厚葬，又禁立碑"。晋武帝咸宁四年（公元278年），又诏曰："石兽、碑表，即私褒美，兴长虚伪。伤财害人，莫大于此，一禁断之"。"义熙中尚书礼部郎中裴松子又议禁断，于是至今"。由于魏晋时期，历朝皆有禁碑之举，迄今所见南方魏晋墓葬，除陵墓和极个别者外，均未见碑，大概还是受到一些诏令的影响。但墓葬中墓志却又发现不少，南京所出六朝墓志，东晋者即占一半，可见禁碑之后，并未完全禁绝墓志。且随葬品并未减少，陵墓前石兽、碑表依然存在。所以，墓志与墓碑有一定关系，但不完全一致。

志石的大小和所写的字数有密切的关系，早年墓志字数较少，志石也小，如东晋中叶的刘剋墓志仅仅十二个字，到了梁普通二年就发展到了3705个字，志石大了许多，所以墓志文字的发展趋势，也是从少到多的。至于志的写法，绝大部分志文都是自右而左，自上而下，刻在一方砖或一块石的一面上。仅有少数，如刘剋墓志，两块都写字，拼成一方，但两块反面又有同样内容的文字，仅排列顺序有所不同。萧伟墓志，四块刻字拼成一方。王兴之和张镇墓志，在志石的两面刻字合成一方。孟府君墓志，五块各一方，每块均为同一内容，仅字体不同。这些都是特殊的情况。至于墓志的质地，现所发现的只有砖和石两种，大多数为石，少数为砖。

关于墓志内容文字，可检阅各墓志资料来源，不赘述。

从总的趋向来看，前举洛阳等地出土的东晋墓碑虽已有志铭，但东晋墓志仅列墓主姓名、历官、乡里、生死葬期、地点、祖孙亲属姓名官职，到南朝才开始有传略和铭辞一类的浮文。如刘宋以后墓志明确题为"宋×××府君墓志铭"。因此，虽在东汉已有墓志铭的滥觞，到两晋似未普及，东晋却又不见，即使到刘宋时期，铭辞仍放在志文当中，或前或后，也不像后来那样一律置于文后，此亦当墓志还未规范化之一证。但有一点尚不清楚，为什么一到刘宋，墓志即有题额，并明确写是某人的墓志铭，与东晋迥异？据《南齐书·礼志》记："有司奏：'大明故事，太子妃玄宫中有石志。参议墓铭不出礼典。近宋元嘉中，颜延作王球石志。素族无碑策，故以纪德。自尔以来，王公以下，咸共遵用。储妃之重，礼殊恒列，既有哀策，谓不须石志。'从之。"可知宋初元嘉年间，朝廷提出墓志可以"纪德"，应即是可以书写的铭辞，而当时王公贵族不仅可以有书写铭辞的石志，还可以有专门写铭文的石碑和哀策。当然，刘宋以后也有无题额、无铭辞的墓志。东晋张镇墓志，在其志石反面刻有四字一句共七句二十八字的铭文，末尾还加"有见此者，奚慭焉"的词句，颇似地券的语气，这也是晋代碑刻和墓志中所未见者。

这些墓志的埋葬位置，绝大部分都放在墓室前部，有的平放，有的倚在墓壁上。由于大部分墓葬被破坏和盗掘，位置移动，因而我们不能确知其原方位，但可以推测它们有的虽经移动，但移动不多，大体是放在棺床前，或墓门后甬道内的。仅仅有一特殊情况，即孟府君墓志五块，放在墓室四角及棺床前各一块，似乎又兼起着辟邪和镇墓的作用。

综上可知，六朝墓志到了梁代，已发展到较为成熟的时期。这时的墓志和后来唐代盛行的墓志已基本一致，以梁代萧融夫妇墓志为例与扬州出土的唐人墓志对照，可以见到它们有以下几个共同点：（1）基本成正方形，均为石志；（2）均有墓志题额，并有撰文者姓名、官职；（3）志文与铭辞分开，明确志文是墓葬的序，而以铭为主；（4）铭辞已成规范，均为四言韵文；（5）墓主夫妇虽为合葬，但各立墓志；（6）墓志出土地点均在甬道两侧；（7）南朝时期，我国书法演变成楷书，墓志也有用楷书写成，与唐代墓志书法一致。但由于唐代是墓志盛行时期，大部分墓志已开始有志盖，而六朝时期尚无，这是不同之处。过去，一般都认为墓志到隋唐方始定型，现在看来到南朝时期的梁代已基本定型。

3．反映的问题

这批六朝墓志反映了和当时政治、经济、文化有关的下述四个方面的内容，即士族门阀的联姻制度，侨州郡县制度和地望关系，官职、官衔的称谓和沿革，文字书法的演变。其中除官职、官衔的称谓和沿革涉及汉唐、魏晋南北朝许多典章制度的沿袭和变化暂不作论述外，余各项内容试述如下：

（1）士族门阀的联姻制度

众所周知，汉魏以来兴起的门阀制度，对当时六朝的政治、经济、文化等各方面都有重要的影响。过去我们所见世家大族的六朝墓志，反映了他们当时相互联姻、结成门阀、互相勾结、把持朝政的情况，如今从皇家墓志中可进一步看到，不仅豪门贵族相互联姻，而且非高门出身的齐梁皇族，出于政治上的需要，也和一些颇有社会地位的世族联姻。有些史学研究者认为，南朝自刘宋以来，为了压抑世家，内省起用寒人典掌机要，外藩托付宗室，由诸王出任刺史。但实际上，寒门出身的皇族，为了巩固自己的地位，仍不得不与世家大族联姻。

由于秦汉以来所形成的中央集权政治，中央官僚机构的组织愈来愈复杂和庞大，官僚人数也愈来愈多。政府选拔和任用官吏，在曹魏时期建立了九品中正制度，虽然有"论人才优劣"说法，但实际上由于大小中正，既取"著姓士族"来充任，其结果就产生了"上品无寒门，下品无势族"的现象。世族大地主在政治上有了这种垄断工具，自然形成了累世公卿。官品的升降，凭藉世资，"高门华阀，有世及之荣，庶姓寒人，无寸进之路"[4]。我们查阅了墓志中世家大族的原籍和祖辈姓氏，核对史料，无不符合上述情况。如琅琊王氏，自王仁仕至青州刺史，仁孙王祥仕魏至太傅，祥弟览历九卿，祥从子衍仕西晋至太尉，览子导仕东晋至丞相，几乎代代高官，直到南朝。再如陈郡谢氏，自谢瓒仕魏为典农中郎将，瓒子衡仕西晋至九卿，衡子安仕东晋至太傅以后，也是世世公卿，屡世不衰。再如河东裴氏、京兆杜氏、清河崔氏等等士族门阀的家世，在墓志和史料中非常突出，也就毋庸多叙了。到了南朝，士族门阀继续盘踞高官重位，而且还得到法律上的认可。凭藉自己的门阀，世家大族几乎世世代代永居高位，自然不思政绩，根本无所作为，或更残酷地压榨人民，把官职作为奢侈腐化的享受工具。所以这种士族门阀制度，给六朝时期的政治，带来非常恶劣的后果。而形成这种士族门阀累世"衣冠"连绵不绝的一个重要原因，是他们还长期保留了氏族血缘制度的残余，即联姻制度。

通过墓志不难看出，当时的帝室和豪族结成姻亲，凭藉联姻这条纽带，相互拉拢，总揽朝政。当时所谓的世家大族，实际上也应该包括帝室皇族在内。尽管他们出身低微，但是篡夺帝位以后，也就成了新的豪族。《通典·食货》中提到："（梁武）帝以是留意谱籍，诏御史中丞王僧孺改定百家谱，由是有令史、书吏之职，谱局自此而置。"与墓志对证，使我们更深刻地了解梁代谱学盛行并得到重视的原因。因此，我们不能完全认为在南朝中叶寒人掌握政权后，就排斥了豪族。上述墓志证明，这一时期的世家大族仍有很大的权势，皇族帝室与之联姻，就形成了新的门阀。故此，士族联姻作为巩固门阀制度的一条纽带，在墓志资料上得到了充分反映和特别有力的证明。这个史实补充了以往的文献材料记载的不足，应该是相当重要的。

（2）侨州郡县制度和地望关系

魏晋南北朝时期，大量人口南迁，据谭其骧先生考共有四次，即西晋末年永嘉初（公元307年左右）为第一次，东晋成帝时（公元326～342年）为第二次，康帝、穆帝之后（公元343年以后）为第三次，宋武帝以后（公元420年后）为第四次。第一次南迁以元帝大兴三年（公元320年）琅琊人过江立怀德县于京城建康（即今江苏南京），为侨户立郡县之始。后来又侨置徐、兖、幽、青、并、司诸州于大江南北，明帝时又立徐、兖侨郡诸县于江南。第二次南渡亦以江南居多。第三次以迁四川者居多。第四次在关陇者多迁梁益二州[5]。到刘宋时期，南迁人口已达90万，占全国540万人口的1/6。据《晋书·地理志》记：两晋时期北方诸州总户有140万，如一户按五口计，则达 700 万，那么南渡人口 90 万，占北方人口总数 1/8。故永嘉之后，东晋南朝所辖区域内，5/6 为本土旧民，1/6 为北方侨民。其中在江苏者最多，侨民约 26 万，仅南徐州就有 22 万，占侨民总数的 9/10，而当时南徐州总人数才 42 万，侨民比本土旧民超出了两万多。这是一个十分特殊的现象。为什么南徐州有这么多侨民呢？当时侨置的南徐州治就在京口（今江苏镇江），距当时政治中心京城建康极近，该地又当南北要冲，为自广陵开凿邗沟以来取道山东、苏北的移民南下的必由之地。再加上土地肥沃，"宋氏以来，桑梓帝宅，江左流寓，多出膏腴"[6]，故凡南徐州所辖镇江、江都、武进一带，则正是山东、苏北移民之重地。

南迁侨民数量之多，还不能仅从数字上看，当时这些侨民不少是北方世家大族，在政治舞台上往往居重要地位。《晋书·王导传》记："洛京倾覆，中州仕女避乱江左者十六七。"侨迁人口不仅有许多世家大族，也包括了北方的大量知名人士，如《南史》列传中"人物"有 728 人。据谭其骧统计，隶属北方者就有 506 人，南方者仅 220 人，可以看出北方人物较南方多出一倍有余。由此可知，不仅在政治经济上，而且在文化艺术方面，北方人物都占相当重要的地位。《通典》指出："永嘉之后，帝室南迁，衣冠避难，多所萃止。艺术儒术，斯之为盛。"在南朝时期，南徐州出了不少重要人物，刘宋、萧齐两家帝室就是京口和武进人士。这些情况在墓志中亦可得到充分的反映和佐证。

墓志中所列的侨州郡县证实了文献记载的可靠性（见表六）。我们从《晋书》、《宋书》、《南齐书》的"州郡志"、"地理志"中知道，江苏接受移民最多，计有侨郡十五、侨县三十

表六

墓主人姓名	籍贯原地名	今地名	葬地原地名	葬地今地名
谢鲲*	豫州陈郡（陈国）阳夏县	河南太康	旧墓在荥阳建康县石子罡（岗）	河南荥绎　江苏南京中华门外戚家山（石子岗）
张镇	吴郡(国)吴县	江苏吴县		江苏吴县冉直镇南张陵山
王兴之*	琅琊郡临沂县	山东临沂	扬州丹阳郡建康县白石	江苏南京新民门外象山（人台山）
王兴之妻*	西河郡界休县	山西离石	扬州丹阳郡建康县白石	江苏南京新民门外象山（人台山）
颜谦妇*	琅琊郡	山东临沂		江苏南京挹江门外老虎山
刘剋*	东海郡剡县	山东剡城		江苏镇江东郊贾家湾村
王闽之*	琅琊郡临沂县	山东临沂	建康县白石	江苏南京新民门外象山（人台山）
王闽之妻	吴兴县	浙江吴兴	建康县白石	江苏南京新民门外象山（人台山）
王丹虎*	琅琊郡	山东临沂	建康县白石	江苏南京新民门外象山（人台山）
孟府君*	平昌郡安丘县	山东安丘		安徽马鞍山市
夏金虎*	琅琊郡临沂县	山东临沂	建康县白石	江苏南京新民门外象山（人台山）
谢琰*	豫州陈郡阳夏县	河南太康		江苏溧阳果园
明昙憘	平原郡鬲县	山东安德	临沂县贰壁山（侨置江宁）	江苏南京太平门外甘家巷北
黄天*	陈留郡	河南陈留		江苏南京中华门外油坊桥
刘怀民*	青州平原郡	山东平原		山东益都
刘岱*	南徐州东莞郡莒县	山东莒县	扬州丹阳郡句容县南乡糜里龙窟山	江苏句容袁巷小龙口山

墓主人 姓名	籍贯原地名	今地名	葬地原地名	葬地今地名
吕 超*	东平郡	山东东平		浙江绍兴螭阳谢坞
辅国将军* （失名）	琅琊郡临沂县	山东临沂		江苏南京中央门外燕子矶
程 虔*	益昌县	四川昭化		湖北襄阳
蔡 冰*	济阳郡	山东峄县		

注：其中有＊者，都有侨地在江南，个别在江北，如：

豫州陈郡阳夏县	安徽江淮间
琅琊郡临沂县	江苏江宁（先在句容）
东海郡郯县	江苏丹徒
平昌郡安丘县	江苏武进
陈留郡	安徽寿县
东莞郡莒县	江苏武进
东平郡	江苏淮安
济阳郡	江苏睢宁

（以上墓志共二十四块，其中孟府君墓志五块，为同一内容，仅字体不同）

九，而这些侨州郡县又以安排在今镇江、武进、江宁一带为最多，所以墓志中不少从山东迁来的世家大族，即安排在此一带落户。江苏所出二十四方墓志的主人，20人中有13人原籍在山东，占了2/3左右，余者散在河南（三人）、江苏、浙江、四川、山西（各一人）。这主要的13人，根据上列表中资料，其侨州郡县几乎都在江苏，而且集中在江宁、镇江(丹徒)、武进一带,是符合史料上所记主要在南徐州管辖范围内的。

墓志的记载补充了文献史料中具体的地理位置和地望关系。这些墓志中所记的墓葬所在地点，有的写上侨州郡县，有的写上当时所属郡县乡里，因此，使我们能准确地判断其地理

图三三 江苏南京出土
东晋谢鲲墓志（拓本）

位置。如明昙憘墓葬在"临沂县贰壁山"，为临沂侨县所属，而南齐时临沂县即侨置在江宁。今墓在南京太平门甘家巷北，即是南齐的江宁县所辖范围。萧融夫妇墓葬在"戌壁里戌壁山"，虽未记郡县名称，但对照明昙憘志"临沂县贰壁山"，"戌"与"贰"应为一字。明昙憘墓在甘家巷北1.7公里附近，与萧融夫妇墓所在的张家库相近，故知这一带为临沂县侨县所属。萧敷夫妇墓葬在"琅琊临沂县长干里黄鹄山"，即今甘家巷西0.5公里处的蔡家塘。由此可知，这里都是梁时临沂侨县所属，解开了过去一直存在"长干里黄鹄山"之谜。王氏诸墓葬在"丹阳郡建康县白石"，在今南京新民门外象山（人台山），故知这里在东晋时应属建康县管辖。它们的具体葬地称"白石"。东晋时有名的军事重地"白石垒"，《建康实录》和《舆地志》中记其位置在苏峻湖东岸，县西北二十里，石头城正北，与墓志所列地望正合。《舆地志》特别提到"江乘之白石垒"，故知在咸康至升平年间（公元335～361年），即王氏诸墓下葬期间，白石应属建康县管，不属江乘。谢鲲墓"假葬建康县石子罡（岗）"，"旧墓在荥阳"，显然有侨置江南，暂葬建康，以期他年"光复神州"，还可复葬河南故籍之意（图三三）。石子岗是三国以来的一处丛葬之地，《三国志·诸葛恪传》记："建业南有长陵，名曰石子岗，葬者依焉"。此地正在今南京中华门外戚家山，而据长住该地的居民反映，戚家山同时也称石子岗，故知墓志和文献资料所记地望均合。刘岱葬在扬州丹阳郡句容县南乡糜里龙窟山，据《南齐书·州郡志》记：南齐时，扬州辖地甚广，统丹阳、会稽、吴、吴郡、吴兴、东阳、新安、临海、永嘉八郡。其中丹阳郡辖建康、秣陵、丹阳、溧阳、永世、湖熟、江宁、句容八县。句容南乡糜里龙窟山，则在今句容袁巷小龙口山，故知这一带应为当时句容县范围，当是可靠的地望。

　　东晋以来，南渡的人口和侨置郡县大量集中在今江苏，特别是建康和京口一带。有史以来，南迁人口之众，莫过于此。一方面固然由于这里是南北要冲，又是京城所在，为当时政治、经济、军事的中心。另一方面也是由于南迁人口中，许多世家大族，掌握了当时的主要官职，居官于此，实权在手，自然必须牢牢地控制这些要害地区的州郡。根据墓志中所列的世家大族，查阅他们的史传，或在中央，或在地方，几乎都居住于这一带，由此足以反映这些侨置州郡的重要性。

　　（3）文字书法的演变

　　我国书法的演变与发展，在魏晋南北朝时期属一转折阶段，由隶到楷的演化过程，贯彻始终。魏晋以后，隶书逐渐为楷书所代替，而草书也同时盛行，但过去由于出土墓志甚少，人们一直认为南朝重视简札，故往往把当时的简札（即后来传世的书帖）墨本，当作珍品，保存至今，如西晋陆机《平复帖》法书真迹和唐人双钩、宋人刻帖流传的各种名家手迹等等。现在出土的二十四方极为可靠的墓志，则是更值得重视的实物。

当前，研究中国文字书法的同志都认为书法的演变，一方面是向实用方向发展，一方面是向艺术方向发展。魏晋南北朝时期的书法，由繁琐的篆隶到简洁的楷书，是从实用出发的结果。对于字体的变化，魏晋时期创立的"书画同源"的理论认为，书法和绘画一样可以寄托作者的思想感情，也可以和绘画一样抒发情意，特别是行草，更使人赏心悦目。这是从艺术出发的结果。所以魏晋以后形成的楷书和行草，经过一千多年的发展，成为今天仍通行的字体。在六朝墓志和砖文中，可清楚地看到它们演变的来龙去脉。所以说魏晋南北朝时期的书法处于我国书法史上的一个鼎盛时代，并不过分。

对于六朝时期书法由隶到楷的演变，迄今为止，虽然对其总的变化与发展似乎没有什么异议，但具体时代的变化，尚存分歧。笔者认为，这也和墓志的形制演化过程一样，也有不均衡的地方。

从墓志字体可知，东晋中叶以迄刘宋初年，隶书字体尚存，但楷书已逐渐形成。刘宋中叶以后，楷书已占主流，但隶书仍有保存。全部墓志，无论隶楷，都是书法规整，字体严谨，仅个别墓志，如谢琰墓志的个别字，略带行草。这些墓志的志文大多数运笔工整，遒劲有力。特别是几方著名人物的墓志，可能是当时的名家手笔，可为书法之代表。

将这些墓志的书法对照同时期北魏的墓志书法可以看出，东晋太元以后，南方楷书已成，隶书尚存，二者并行，而北魏书法则以楷为主，篆隶较少。当时南北虽在政治上分割为二，但经济、文化上还是互通的。如孟府君墓志，出土五块，内容则一，仅在书体上有所不同。五块墓志虽均是楷书，但其中三块有隶意，书体颇像魏碑，因此很明显地说明当时隶楷并存，且南北风格近似。又如镇江东晋隆安二年（公元398年）画像墓出土一件青瓷洗，底部楷书"偶"字，笔意流畅明快，说明了东晋时期楷书流行的情况。故无论南北，当时的志文书法艺术都发展到一个崭新的阶段，字体组织严谨而又奔放，书艺疏密而又自如。楷书虽兼篆隶遗风，但已融合为一整体，凝重而秀丽，遒劲而大方。其为唐宋以后书法，开创了一条宽阔的道路。

我们从出土的墓志上看到，当时的书法艺术成就是十分显著的。如对萧敷夫妇墓志，就有很多赞美其书法的题跋。何绍基说："笔法精美宕逸，南碑而并有北碑之胜，真瓖宝也。"程恩泽说："梁书流传至今，具右军法者唯瘗鹤铭及此碑，若始兴忠武王碑盖其次也。"他们认为萧敷夫妇墓志既具北碑之胜，水平又在萧憺墓碑之上。又如任昉和王暕所书的萧融夫妇墓志，任笔力遒劲，体势奔放；王暕系王导七世孙，而琅琊王氏书法为历代推崇。萧敷夫妇墓志不知为何人所书，但书法之精，不亚于萧融夫妇墓志，也应为名家手笔。这四方墓志书体十分近似，可是不久之后的萧憺墓碑已演变为完全的楷书。由此可知，梁代正处在我国书法自隶变楷的完成阶段。这一阶段所发现的墓志、墓碑，是研究我国书法发展史和书法艺术很重要的实物资料。萧敷、萧融夫妇墓志堪称南朝书法的代表作品。

过去由于清代阮元提出"南北书派论"，认为"南派乃江左风流，疏放妍妙，长于启牍；……北派则是中原古法，拘谨

拙陋，长于碑榜"。此即"南帖北碑"之另说。仅仅依此而分
南北，是不全面的看法，因为简帖和碑志石刻的文字在书写上
是不同的，后者无论南北，风格都较前者更为古拙、粗犷。

这里需要讨论的另一个问题就是当时已经形成的行草书
体，为什么在墓志上很少反映或未反映。笔者认为，无论砖石
均宜镌刻篆隶真楷，因其笔画方折，笔道清晰，可以真实而正
确反映出书法笔意。反之，镌刻行草要保留其字风却是比较困
难的。此为一因。另外，已发现的大量墓志均不书写行草，亦
可能是当时的葬制所定。此为二因。行草在墓葬砖石上是否绝
对没有呢？也不是的。在江苏南京和丹阳附近九座六朝陵墓和
墓葬的壁画砖上，如南京西善桥竹林七贤壁画砖及丹阳胡桥三
座南齐陵墓的羽人戏龙、戏虎和车马出行、侍卫仪仗、乐队等
壁画砖的背面或侧面，均以草书刻写壁画名称和砖画拼列次序
编号。同一幅壁画砖上的名称相同，但字体大小不一，刻写比
较草率。砖上刻写的各种壁画的名称和编号文字，应是造墓工
匠的手书，也是当时人们对壁画的简便称呼。由此可见，在当
时"不必郑重其事的场合，一般是使用草率急就的字体的"，
"故篆书时代有草篆，隶书时代有草隶，楷书时代有行草"[7]。
江苏地区出土的不少六朝纪年墓砖上都有工匠刻写的姓氏或砖
块大小的代号名称，大多数也是行草字体。故可以认为六朝时
期不仅隶楷并存，而且隶楷行草也是同时存在的。河北平山北
齐礼部尚书赵州刺史崔昂墓志（公元 566 年），其字属魏碑体，
仍存隶意。其妻墓志立于隋开皇八年（公元 588 年），字体已
为楷书。南齐萧道生陵（公元 478 年），较北齐崔昂墓早近百
年，但其砖刻文字已近楷体，是由隶书转到楷书时期的一种民
间流行体，似乎也是一种"行草"。这样看来，南朝文字的转

变，比北朝可能早些。正如郭沫若所说："在阶级社会中，文字为统治阶级服务，逐渐脱离群众，逐渐'雅化'，因而也逐渐僵化。到了一定的阶段，由民间文学吸取新鲜血液而再生；但又逐渐脱离群众，逐渐再'雅'化，因而逐渐再僵化。如此循环下去，呈现出螺旋形的发展。中国书法的发展也正是这样的。"这些南齐时期的文字和书法，为研究我国古代文字和书法的演变过程，提供了实物资料。

　　不过，在正规的情况下，如墓志则必须用隶楷，一般情况下，如不在重要地方的墓砖，则可用民间通用和工匠书写的行草。所以，另一个问题，列为当时"书圣"的王羲之的书法《兰亭序》的真伪问题，也就很自然地提出来了。我们今天来讨论这个问题，关键不在于这个争论上千年的、关于今天所流传的《兰亭序》的各种传世本的真伪问题，而主要应解决郭沫若提出的《兰亭序》的伪托，认为王羲之当时的书法不会脱离隶书的笔意，应与王谢墓志书法字迹相仿，与晋义熙元年（公元 405 年）"爨宝子碑"和宋大明二年（公元 458 年）"爨龙颜碑"书法相近的这个问题。近年来出土的文物，为解决这个问题提供了很重要的材料。上述的孟府君墓志，其中三块字体是隶书，与王谢墓志书法十分相近，另两块字体是楷书，较颜谦妇、黄天墓志字体更为楷化，特别和晚二十三年的王羲之《兰亭序》神龙本书法、结构、用笔有相似之处。再如上述的墓砖上民间通用和工匠刻写的行草字迹屡见不鲜，其中早的可到西晋，晚的可至南齐。特别是安徽亳县出土的曹操宗族墓志（东汉延熹七年，共 164 个字）的墓砖文字，共 383 方，其中楷书和行书字体比例达 70%，计 220 方[8]。值得注意的是，这些民间行楷字体，虽不是重要的名家手笔，也不是作为主要随葬物的墓志放在重要位置，但却是当时民间所广泛使用书写的字体，因此可以一直流传下来。也说明在魏晋南北朝这样一个过渡和转折的时期，虽然正规的墓志和官府文书，仍主要用隶书和楷书，但广大的民间已开始盛行行草了。因此，只有在这样群众基础上的字体和固有的传统书体相结合的情况下，才有可能出现二百年之后，如王羲之父子那种集诸家之长，达到艺术上高度成就的书法字体。所以，出土文物一是证明了东晋时期隶楷行草并存；二是说明当时流行的行草，是民间盛行的字体。另外，据《晋书·王羲之传》、《晋书·王献之传》的记载，"羲之草隶，江左中朝，莫有及者"，"献之工草隶"，可见他们既长于行草，也善于写隶。如果行草是伪，隶书又怎能是真呢？行草是广大人民喜爱和常用的书法，二王正是吸收和集中了前人的丰富经验，并加之自己的努力，才创造出这种"姿态妖媚，婉约可爱"的行草字体。距王羲之二百多年后的唐太宗，因喜爱王氏书法手迹，收得其两千两百余件作品，以他的地位和鉴赏能力，加之相距年代不远，总不会全是伪品吧。虽然至今未曾有王氏真迹传世，但唐人临摹仿制的王字，也应不全是伪品。所以《兰亭序》是伪托的论点，现在看来是缺乏证据的。

（二）地券

从汉代以来，地券在墓葬中就不断出土。顾名思义，地券实际上就是墓主人所执的"证券"，也可以说是一种"所有权证明书"。据文献所记，已出土的地券，从质地上可以分为铅铸、砖刻、木制三种；从内容上可以分为实在使用的地券、迷信用物，以及更为广泛使用的物券和奴婢券等三类。所以虽称"地券"，但其意义是颇为广泛的。

地券和墓志一样，也是判断墓葬年代、死者身份和葬地郡望等可靠的实物资料，但所反映的内容比墓志简单，多有阴阳五行迷信色彩在内，所以史料价值不及墓志。不过从出土的六朝地券内容看，它反映了当时重要的土地制度——地主庄园经济的一部分情况，和士族门阀特权地位的状况，也是值得重视的。

迄今为止，江苏地区六朝墓葬所出地券均集中在南京，计有九方，加镇江出土一方，共十方。

这十方地券有七方为铅铸，三方砖制。九方发表过，一方未发表。五方文字较为清晰，内容可考；五方腐蚀或残损，难以复原。在这种情况下，必须佐以其他地区所见六朝地券或其他时代与之有关的地券来作对比，分析其内容。现先将五方比较清晰可辨的地券全文题录如下：

南京中央门外幕府山南京东吴五凤元年墓砖地券："五凤元年二月十八日，大男九江黄甫年八十，今于莫府山后辛边起冢宅，从天买地，从地买宅，雇钱三百，东至甲庚，西至乙辛，南至丙丁，北至壬癸，若有争地当诣天帝，若有争宅当诣土伯，如天帝律令。"

南京甘家巷东吴墓（M29）建衡二年铅地券："建衡二年十二月十四日处士徐州广陵堂邑□□买丹杨江乘□□□地三顷，直钱三百万，伍知都监许祀他如律令。"

南京光华门外西晋太康六年立节校尉曹翌墓铅地券，正面书："太康六年六月二十四日，吴故左郎中立节校尉丹杨江宁曹翌字永翔，年卅三亡，买石子坑虏牙之田地方十里，直钱百万以葬，不得有侵持之地，券书分明"；背面书："奴主、奴教、婢西，右三人是塑奴婢，故布裶一领，故练被一张。"

南京板桥石闸湖西晋永宁二年汝阴太守墓铅地券，正面书："永宁二年二月辛亥朔廿日庚子，扬州庐江郡枞阳县大中夫汝阴□□□□□丹杨郡江宁县赖乡祭湖里地方员（圆）五顷八十亩，直钱二百万，即日交□□方庚辛，北方壬癸，中央戊巳，证知冢前如律令。若有问谁所书，是鱼，鱼所在，深水游，欲得者，河伯求。"

另录句容一方地券全文。句容行香中学西晋元康元年李达墓地券："元康元年十一月戊午朔廿七日乙酉，收鄱阳葛阳李达年六十七，今从天买地，从地买宅，东极甲乙，南极丙丁，西极庚辛，北极壬癸，中英（央）戊己，买地买宅，雇钱三百，华巾三尺，任知者，东王公、西王母，若后志宅，当诣东王公、西王母是了，如律令。"

从这些出土的地券可以看出，六朝地券内容大多数是向冥界买地的钱地两清的券文，也可以说是一种实用的证券。其中比较清楚的建衡二年、太康六年、永宁二年地券。除刻死者姓名外，主要刻死者拥有土地的数量和购买土地时所用钱数。如建衡二年铅地券刻死者有"地方十里，直钱百万"，永宁二年铅地券刻死者有"地方圆五顷八十亩，直钱二百万"等。这类地券出土最多，较为常见，如1949年以后在武汉地区所发现的黄武六年、永安五年铅地券等均是。又如1949年以前《贞松堂集古遗文》卷十五所收洛阳出土西晋房桃枝买地券及端方《陶斋藏石记》所收江都出土元徽二年（公元473年）高镇买坟地券等亦是。这些买地券内容充分说明当时土地私有制的发展，特别是六朝时期大地主庄园经济的发展，山林川泽无不为地主庄园扩大掠夺。据史书记载，孙吴时期，统治者使用暴力把"山越"变为国家屯田上的隶属农民，开垦大量土地，分赐部下，大大扩充了地主庄园的土地。因此，上述出土的东吴时期地券所反映的土地占有情况，证明了土地私有扩大的事实。值得研究的是，地券所记土地和钱数是否有夸大的地方？现对照文献，考察一下当时土地的价值。东吴五凤元年地券："雇钱三百"，但不知土地面积大小；建衡二年地券："地三顷，直钱三百万"；西晋太康六年地券："地方十里，直钱百万"；永宁二年地券："地方员（圆）五顷八十亩，直钱二百万"；元康元年地券："雇钱三百，华巾三尺"，亦不知面积。从以上几块地券内容看，有两种价格：一种是一亩值钱一万，另一种是一亩值钱四千。三国和西晋时期，土地价格依肥瘠有不同等级，京师附近经济发达地区的地价要高些，而且农田和山丘、水面的价格也有差别，所以上述土地每亩价值有异。那么这些价格是否有夸大的地方？据考，汉代最佳土地，每亩值钱一万，三国去汉不远，且到南朝宋时，浙江东部良田尚"亩直一金"[9]，可见从汉到宋时，土地价格基本未变。而地券所记，三国之时在建康附近的土地每亩值钱一万，应该是可信的，因此也证实了文献的可靠。

　　曹翌墓铅地券中明确记载了二男奴、一女婢的名字，这是当时官僚地主阶级私拥奴婢的确证。六朝时期虽然已经进入封建社会，但是奴隶制的残余尚存，甚至有的史学家仍然认为魏晋南北朝时期应属奴隶社会。更为重要的是，这些地券对死者和家属来说，无疑向现实社会公开说明，这是一种具有法律意义的契约证券，以肯定官僚地主阶级占有土地、私拥奴婢的合法性。

这些地券无不反映主人买地的所在位置，因此也是一种很好的地望确证。如从上述地券中可知，现今南京太平门外甘家巷一带，东吴时属丹阳郡江乘县辖；现今南京中华门外板桥一带，西晋时属丹阳郡江宁县辖。至于西晋时曹翌墓在今光华门外丁甲山一带，当时称石子罡（岗），自东吴迄西晋均为墓葬区，东晋时仍不变。再如五凤元年地券出土地点在"莫府山后"，"莫"即"幕"，此墓发现地点在幕府山南约2公里处。又从永安四年地券知出土地点在"幕府山前"，在今幕府山南约3公里处。一个在"前"，一个在"后"，其中恰恰夹有一座郭家山。因此，这座郭家山在六朝时可能就是当时的幕府山。故知现在幕府山不是当年的幕府山，因此《景定建康志》记东晋时"丞相王导建幕府于此山，因名山焉"，推测幕府山得名之起源有两个可能：一是起于孙吴五凤之前，而不是始于东晋王导时；二是两座不同的山被一个相同的名称混淆起来。据《建康志》记，幕府山"在城北二十里，高七十丈，周围三十里"，与现在所见的郭家山大小、范围、地点均不相同，后者仅为一个较小的土山。故《建康志》可能有误，幕府山即今郭家山，在东吴时已有其名。

地券上所反映的墓主人身份很不一致，有太守、校尉，也有处士、白丁，因此不像墓志上所反映的墓主人大部分是世家大族，甚至是皇亲国戚。故地券的持有者，其社会阶层包括的层面应更广泛一些。但可以肯定，他们都拥有土地，甚至奴婢，因此决不可能是当时的贫民。所以迄今我们发现的地券，多在一些中型以上的墓葬中。但是否中型以上墓葬都有地券，或拥有土地者死后必须随葬地券，由于六朝墓大多数经过破坏和盗掘，尚不能确定。从目前发现情况看，三国、西晋时期墓葬中出土地券较多，西晋以后在南京地区尚未发现。因此，我们初步认为，南京地区三国、西晋时期的中小地主死后多在墓中随葬地券。

从目前发现的地券类别来看，以实际买地者居多，但其中亦夹有一些迷信的内容。如买地的方位往往用天干、地支表示并祈求天地作证，甚至有"如律令"之词，这都是当时方士术家（阴阳生）之类的假托之词，但它们和后来的"地莂"纯为迷信的用品还有区别。前者所写的墓主人姓名身份和土地所在还是确实的，不像1953年在南京发现明太监金英墓中所出地券完全是迷信用品，上写"券付亡过太监金英神魂收执永为照证"。这在六朝地券中未见。因此，金英墓地券的性质和"地莂"同。再者，六朝地券中亦有附物券内容的，如曹翌地券中列举"布襦一领，练被一张"的字句，但尚未见有如湖南长沙出土东晋升平五年（公元361年）"周芳命妻潘氏衣物券"[10]那种完全是列举随葬衣物清单的"证券"。这种物券当亦是地券之一种，但和买地券应有所区别。从地券的质地来看，南京所见六朝地券以铅铸者为多，砖刻较少，未见木刻者。1986年南京燕子矶所出太康五年地券上写"铜券"，但该券为铅铸，可见还有铜地券。所谓铅铸者是先用铅铸成长条形，然后在上面刻字而成，但亦有如曹翌地券者，则先刻成铅模（包括地券文字在内），再浇铸而成。不过铅质地券埋在潮湿而含多酸性成分的土壤中容易被腐蚀，因而字迹较难辨认。从其他资料得知，地券还有石质的，如浙江平阳出土的东晋咸康三年（公元337年）"朱曼妻买地券"即是[11]。此外，还有一种地券，类似"护照"性质，如1978年至1982年湖南发现的宋元嘉七年（公元430年）、齐永明三年（公元485年）、梁普通元年（公元 520 年）三块陶券，没有买地内容和衣物清单，而是写上"令沿途勿得留难"，要"五墓之神"给予照顾等等文字[12]。这恰恰反映了当时盛行佛、道、儒三教同归的思想。

这些地券和墓志还有一个很不同的地方，就是都没有留下书写者的姓名，而且往往用一些颇带滑稽口吻或带迷信色彩的字句来结束。例如永宁二年地券："若有问谁所书，是鱼。鱼所在，深水游。欲得者，河伯求。"又如周芳命妻潘氏衣物券："东海童子书，书讫还海去。"这与当时盛行道家、方士的思想有关。至于没有书写者的姓名，是否与当时的丧葬制度规定不写真实姓名有关，尚待考订。

注　释

[1] 元陶宗仪和清赵之谦均收萧敷夫妇墓志拓本全文，方履篯《金石萃编补正》、叶昌炽《语石》中亦有记录，后藏吴湖帆家。赵万里因吴不允摄影，故未收入《汉魏南北朝墓志集释》中。现此拓本存上海博物馆。参见《书法丛刊》1982 年第 5 期。

[2] 叶昌炽《语石》卷四。

[3] 南京博物院等《东汉彭城相缪宇墓》，《文物》1984 年第 8 期。

[4] 赵翼《二十二史札记》。

[5] 《晋永嘉乱后之民族迁徙》，《燕京学报》1934 年第 15 期。

[6] 《南齐书·州郡志》卷十四，第 246 页，中华书局 1974 年点校本。

[7] 郭沫若《古代文字之辨证的发展》，《考古》1972 年第 3 期。

[8] 李灿《亳县曹操宗族墓葬》，《文物》1978 年第 8 期。

[9] 《宋书·孔季恭传》记："史臣曰：……会土带海傍湖，良畴亦数十万顷，膏腴土地，亩直一金。"（按一金即一万钱）。

[10] 史树青《晋周芳命妻潘氏衣物券考释》，《考古通讯》1956 年第 2 期。

[11] 方介堪《晋朱曼妻薛买卖地宅券》，《文物》1965 年第 6 期。

[12] 湖南省博物馆《湖南资兴晋南朝墓》，《考古学报》1989 年第 3 期。

七　出土和传世的手工业遗物

通过对上述考古资料的分析，可以了解到在魏晋南北朝时期长江以南经济有了较大的发展。北方在西晋和北魏迁洛以后两个时期，社会经济也有所恢复。特别是手工业遗物的发现，完全可以证实这个判断，当时全国各地的手工业制品主要产自中原地区和南方地区。

（一）中原地区

传世魏晋官办手工业"尚方"所选的各种铜质高级服御用具，如釜、盘、锅、灯、炉、熨斗、弩机等，质量不在东汉之下。例如南京晋墓出土的北方制造的"正始二年（公元241年）五月十日左尚方造"弩机，铭文十分清楚。当时所铸铜镜，一般沿用汉式的柿蒂连弧镜和规矩镜。洛阳徐美人墓出咸宁元年（公元275年）右尚方造铭"五升铜锻锅"，还有不少包金花饰，有的还嵌以珠石。这也是尚方的制品。根据统计数字，有金饰品的晋墓比汉墓多，就连幽州、辽东都不例外。出土的金、银钗和尖桃形薄金片，具有时代特点。后者往往有穿孔，说明是附缀饰件。北京永嘉元年（公元307年）王浚妻华芳墓出有2.6厘米直径的虎纽银铃，上部饰以银丝捏成演奏姿态的伎乐八人，并镶红、蓝宝石，工艺之精巧，叹为观止。就连一些小墓，也出土有精致的金银饰物。北京琉璃河一单室砖墓里出一套透雕云龙纹鎏金带饰，工艺精良。山西运城洞沟发现的古铜矿遗址，建于汉代，魏末仍继续使用。矿内发现的圆筒形铁锤、方柱尖锥形铁钎和圆柱形铜锭，都是当时开矿的生产工具和原料，说明这里正是魏晋尚方用铜的来源地之一。

近年来，在日本发现多达 200 件以上的三角缘铜镜，有不少铭文注明是徐州所铸。徐州古代产铜，魏晋时为铸镜手工业的中心。辽宁辽阳一座西晋墓出土的带有"铜出徐州"铭文的鸟纹规矩镜，为铜镜北传日本路线的研究提供了重要的线索。

铸铁和锻铁生产技术的发展，魏晋时期较汉代要快。洛阳魏晋墓发现的铁帐架部件（帐构）和铁尺，各地墓里普遍发现的铁剪、铁镜、铁带具，往往残存错金银痕迹，并用织锦包裹，可知原来都是精工的成品，不过后来锈蚀无法得知原来面貌罢了。这些精工铁具应也是尚方的制品。如上述铁帐构，就有"正始八年（公元 247 年）中尚方"铭文。锻铁工具发现很少，但魏晋时在三门峡左岸栈道和褒斜栈道的巨大凿石工程，没有锋利的锻铁工具，是不可能兴建的。同时，由于十六国北朝时期，中原地区战争频繁，锻铁手工业特别发达，洛阳北朝墓中常见锻制的铁镞，即是我国早期锻铁的实物例证。那些墓中出土的武士俑和石刻中的武士图像，都身披铠甲，就是改进的锻铁札甲，可以卫护两肩和胸、背。马具的完备，也始于此时。我们看到的马镫，则已与隋唐无异。马上武器如二尖矛、三尖铧、长稍等都是用锋利的锻铁制成。更为有力的证据，在中原地区，大规模石窟的开凿及细密流畅石刻线雕和长篇的摩崖刻经等的出现，都为证实当时这一带锻铁手工业的发展盛况提供了有力的实据。

在洛阳汉魏故城发现的一处官府建筑群中，出土了大量质地坚实、表面磨光、制作精细的各类瓦件。从它们的质地、种类、建筑物的性质以及板瓦、筒瓦上所刻的瓦工姓名等，都可以认定是北魏官府的手工业产品。当时官府制瓦是以隧为单位，隧有主，隧主之下有技术工和其他工人。隧主是武职，因此，生产瓦件的组织是按军事编制的工匠，集中管理。其劳役有严格的检查制度，所以在产品上对工种、人名、月日等均有详细的记录。这里反映的北魏轮番征役丁匠的制度，估计在迁洛以后官府制瓦手工业中，就开始执行了。

图三四　山西太原北齐娄睿墓
出土青瓷贴花盖壶

　　从中原地区墓葬所发现的瓷器看，绝大部分虽在器形及装饰方面和南方的产品相似，但造型浑厚，釉色繁复（图三四）。如景县封氏墓出土的青瓷尊，据化验，其瓷胎含三氧化二铝和氧化钛都较高，和南方青瓷胎含氧化硅较高、氧化钛极微的情况不同，肯定是中原产品。但迄今北方瓷窑仅发现一处，即山东淄博淄村窑，烧造青釉器的器形为民间常用的碗、盘、钵等。中原地区除封氏墓出土青瓷器外，还出现了白瓷器和黑瓷器，如平山北齐天统二年（公元566年）崔昂墓出土的黑釉四系钵，赞皇北齐武平六年（公元575年）李希宗夫妇墓中出土的黑釉瓷碎片，但也和南方瓷窑烧造的不同。此外，各种墓内出土的酱褐釉瓷、黄釉瓷和白瓷，特别是安阳北齐武平六年范粹墓出土的九件白釉瓷，釉色乳白，有的釉下施绿彩，制作非常精致。但迄今尚未找到生产这些白瓷和不同釉色瓷的北朝窑址。总之，在公元6世纪初，中原地区已开始了瓷器的烧造，但大多数瓷器的器类简单，仍以仿制南方瓷器为主。公元6世纪中叶以后，中原瓷器有了迅速发展，出现了如上所述的许多种类的瓷器，说明东魏、北齐十分重视瓷器的生产。北齐末年都城附近墓葬中曾出土彩瓷和白瓷，反映中原制瓷手工业已脱离了南方青瓷系统，具备了自己的特点。河北磁县的贾壁村寺沟口、曲阳涧磁村红土崄，以及河南安阳北关均发现有类似的窑具和产品。这些地点很可能就是北朝制瓷手工业和瓷窑的烧造地点。

北朝时期，佛教盛行，北魏在定州建立的永孝寺和所属唐县、望都、曲阳等地的寺庙出土许多白石雕像，仅曲阳修德寺一处，就发现两千余件。这些佛像的雕刻工艺十分高超。再有许多的铜佛像，其镂雕工艺和贴金赋彩的装饰，也是非常精致。"丝绸之路"沿线的新疆若羌、吐鲁番和甘肃敦煌发现许多中原丝织遗物，其中有锦、绮、刺绣、染品和织成履等。若羌十六国前期墓群中，出土一批织有文字的山云禽兽纹锦片。其中"长乐明光"锦、青地"登高眺望四海"锦，即是《邺中记》所记的明光锦和登高锦。从吐鲁番阿斯塔那升平八年（公元 364 年）墓所出虎纹锦和敦煌莫高窟所出对龙对凤锦的山云衬纹，可以看到魏晋至北魏中原地区锦纹逐步图案化的发展趋势。这些新格调的织锦，大约都是中原地区为了外销而专门设计的。同时出土的还有一批模仿波斯萨珊王朝的花纹装饰风格的联珠纹的织锦。"织成"是指手工业编织的作品。阿斯塔那墓地发现的一双非常精工的织成履，用褐红、白、黑、蓝、黄、土黄、金黄、绿八色丝线编出纹饰繁缛的履面。与此织成履同时出土的还有东晋升平十一年（公元 367 年）、升平十四年（公元 370 年）文书，故知此履是有明确纪年的最早的一件丝织品。刺绣和染品，都是在织物上增添纹饰的加工工艺品。吐鲁番前凉墓葬中，曾有红绢地的锁针绣品出土。莫高窟发现的是北魏太和十一年（公元 487 年）制作的满地施绣的佛说法图残件，残长 41、宽 70 厘米。在这样较大幅面上遍用锁针绣，绣出各种佛像、供养人、散花和一百多字的发愿文，线条流利，形象生动，还使用了两三晕的配色技法，更增强了质感，比只绣图案的绣法有了更大的进步。其他墓中还发现白绢红绞缬、黄绢绛绞缬和用蜡点组成的菱纹蓝色蜡缬，不仅比西凉染品早了半个世纪，而且还使用了雕花板印染的"夹缬"染法，无疑也是从中原地区传来的。

（二）南方地区

南方经济的发展，是这时期的时代特征之一。南方手工业这时期最大的贡献是青瓷的烧造。魏晋南北朝的三百余年间，青瓷的烧造技术发展很快，当时主要随葬品已用青瓷代替了陶器。烧造青瓷的窑址，主要都在南方，其中以浙江窑址分布最为密集，如上虞、宁波、余姚、鄞县、萧山、金华、永嘉、余杭、德清、吴兴、临海、定海、丽水、奉化等地。此外，在江苏宜兴，江西丰城，福建福州、晋江，湖南湘阴，四川成都、邛崃、新建等处也有窑址发现。现列举几处重要瓷窑如下：

1. 浙江上虞窑

其分布于曹娥江中游两岸，窑床分布密集，有近百座，均建于山坡上，呈长斜坡状。窑具改进，有齿形、钉形支垫和垫柱等。主要产品有碗、带系壶、折沿洗、熊足砚、辟邪水注等，施淡青色釉，器上饰划、印纹，有水波、莲瓣、网纹和龙、凤、兔、龟等动物组成的带状印纹。南京出土赤乌十四年（公元251年）青瓷虎子，上有"会稽上虞师袁宜造"的刻铭，说明上虞瓷窑有专门从事制瓷的工匠，因此不是一般民窑。

2. 浙江萧山窑

其分布范围广，窑床形制及窑具与上虞窑同，器物以螺旋纹碗为主，胎薄、质细。在上董村和石盖村的窑址内，产品种类较多，器形有碗、熊足砚、带铺首的盘口壶、天鸡壶、灯盏等。釉色特征明显，呈青绿、淡青或青中带黄。在器口沿部施加褐色斑点，成为两晋青瓷的装饰特征。

3. 浙江德清窑与余杭窑

德清窑与上虞、萧山窑同，除生产青瓷外，还生产黑釉器。黑釉厚薄不一，厚的呈漆黑色，薄的呈焦黄色。器形有双系钵、鸡首壶、盘口壶、碗、盘、熊足砚等，以素面无纹的占多数。余杭窑亦为产黑釉器的窑，主要产品是鸡首壶，分大、中、小三型，产量很大。从已发现的纪年墓——杭州兴宁二年（公元364年）墓中出土的黑釉器看，时代不会晚于东晋中期。

4. 江苏宜兴南山窑

其烧造时间很长,从东汉到宋元,但三国两晋至南朝时,已有长条斜坡的龙窑,窑具有匣钵、齿形窑托等。匣钵的出现,标志着青瓷烧造工艺的一大进步。产品以钵、双腹系罐、带铺首的盘口壶等为主。釉色浅绿微黄,胎呈黄白色。纹饰与上虞、萧山窑产品相似,在肩腹部印有斜方格网纹、联珠纹、羽毛状纹等。在南京发现的甘露元年(公元265年)青瓷羊,釉色青绿,其上刻划的纹饰及造型、工艺都相当精美。它与宜兴周氏家族墓及南京地区六朝墓内出土的青瓷器,可能都是南山窑的产品。

南方青瓷渊源于江浙地区的硬陶,东汉末年已经有了真正的瓷器。到了六朝时期,江苏、浙江地区青瓷技艺的发展主要在器类、器形、釉色和纹饰方面,特别是后两者。釉色方面,早期青绿,光泽较淡,吴末两晋逐渐转淡发黄。两晋末出现了深褐色的斑痕装饰。东晋釉色复杂,有的更淡,有的变褐,深褐色的斑痕也更加丰富多彩。东晋以后,釉色变化不大,但光泽度却不断提高。纹饰方面,吴时多堆塑形象,并捺印方格纹、菱纹、云气纹带饰。吴末出现贴花的铺首、朱雀、羽人、辟邪等装饰。至西晋中期,装饰简化,仅见方格纹和联珠纹,甚至只有弦纹。东晋以后,又流行莲花纹,从刻划发展到浅浮雕,从云气、羽人、辟邪等改为佛像、莲花。此外,从烧造工艺方面讲,这些青瓷器采用较优质的矿物原料与熔剂制成坯体,由于胎土含有机物较少,含铁量较多,黏性和吸水性较小,适宜用还原焰烧成,因此,瓷胎白色微泛青灰。加上掌握火候恰当,烧成后胎质坚致,不吸水,玻化程度高,莫来石结晶也发育较好。经分析,当时青瓷胎土的原料有石英、长石和高岭土，但以后者为主。江浙地区盛产以石英斑岩、正长斑岩为多数经热液蚀变而成的瓷土原料。这种原料多属原生高岭土，其中氧化硅（SiO_2）成分达 77％以上，正适宜用还原焰烘烧。由于铁是地球上最多的物质之一，一般岩石和土中都有铁的存在，釉色原料半数以上都由铁组成，而青瓷的釉色与此有密切的关系。釉质和胎土一样，也以硅酸为主体，以盐基为媒溶剂。南方瓷器的釉质是以含硅酸较多的长石为基础制成的长石釉，最初来自植物灰中。古代瓷器采用石灰石配釉，是一共同特点。南方原料甚多，均可做釉药。南京雨花台出土一件完整的青瓷釉下彩带盖盘口壶，是以褐彩绘出生动花纹后，再加青黄色釉烧成，说明早在三国末年就已具备烧制釉下彩瓷器的先进制瓷工艺，为后代釉下彩绘、青花、釉里红等工艺制作奠定了基础。由于窑炉结构的改进，青瓷烧成温度可达 1300℃，再加上瓷土原料纯正，釉色光润，釉层厚度仅 0.1 毫米，已符合瓷器标准。

铜镜铸造和金属细工是南方的另一项重要手工业。绍兴一带古产铜、锡，所以又是这个地区的铸镜中心。根据镜铭，孙吴时有不少铸镜匠师即出于此。除绍兴外，鄂城也出现了铸镜手工业。其产品纹饰内容和绍兴相同，匠师亦来自绍兴。吴亡，绍兴铸镜手工业仍在继续，从半圆方形带神兽镜和重列神兽镜，发展到画像镜和一种外缘绕以流畅的禽兽纹的画纹带神兽镜，后者在南朝时最为流行。鄂城等地还铸出一种平雕花纹镜，比前期镜纹更为薄浅、生动而繁缛，几乎每一个柿蒂瓣和连弧内部都雕出了禽兽和狩猎纹。

南方晋墓也出土有许多金饰品，过去偶尔在精巧的小饰具和带饰上使用的粟状金珠叠铸的技艺，这时较多地出现于各种钗佩中。1998 年发现的南京高崧墓出土有钗、簪、镯、铃、环、牌、珠等成组金饰件，制作极为精细。宜兴周氏家族 1 号西晋墓和长沙东晋墓发现完整的簪头饰、篮形饰和各种球形饰、垂露形饰、扁壶形饰，工艺水平亦佳。可知两晋时期追求精工金饰的风气，已遍及建康和各地城市。

四川等地晋墓多葬铁器，昭化崖墓中有长身锄、斧、凿及铁轴纺轮、长叶状锸、四棱镰、三刺叉和长矛，说明当时锻铸铁器的发展。这也是当时山区的主要生产工具和兵器。除此以外，制镜业和造漆业也很发达。前者多出神兽镜。后者有漆钵内书铭记和漆画，画面有游鱼水草和男女舞戏，外加云气纹带，亦十分精致。

（三）重要的手工业遗物分述

1. 新兴的青瓷手工业

汉初，长江以南还是一个火耕水耨、食稻羹鱼的经济落后地区。到东汉末年，大量中原人因战乱南移，带来了先进的生产技术和工具，再加上长江中下游的自然优势，所以南方很快成为一个后来居上的新经济区。"扬部有全吴之沃，鱼盐杞梓之利，充仞八方，丝绵布帛之饶，覆衣天下"[1]。当时江南地区筑塘蓄水，沟渠灌溉，采用牛耕，扩大了耕种面积，人民生活得到改善，各种手工业也随之兴起。左思《吴都赋》记："煮海为盐，采山铸钱，国税再熟之稻，乡贡八蚕之锦。……戎车盈于石城，戈船掩乎江湖。"可见当时冶铸、煮盐、纺织、车船等手工业的发达情况。其中传入吴国的鼓风设备和水碓的使用，对瓷窑的煅烧、瓷土的洗选极有帮助，再加上江南得天独厚的充足原料，更为新兴的青瓷手工业的发展创造了有利的条件。考古发现的各种青瓷器，为研究当时的手工业增加了新的资料。据浙江和江苏的调查可知，南方青瓷窑在东汉时期已出现了斜坡形的龙窑（即蜈蚣窑），如浙江上虞联江帐子山两座东汉龙窑、鞍山一座三国龙窑。这种龙窑对窑内的通风和用木柴做燃料都十分有利。上虞帐子山三国和晋代瓷窑遗址出土的瓷片，经过鉴定分析，前者还原比值为 0.8，气孔率 1.05%，吸水率 0.45%；后者还原比值为 0.77，气孔率 1.06%，吸水率 0.5%。由此可以知道，它们在低还原焰中烧成，达到了现代瓷的标准。这些瓷器烧制时，外面无匣钵，熏烟现象少，过烧变形或流釉现象也少，瓷器烧成的合格率高。因此，这种长条形龙窑的出现，标志着瓷器烘烧技术已发展到一个新的水平。据目前材料，三国时期南方各地所出青瓷，湖南、广东等地的胎色呈红色，胎质松软，而四川的呈黄绿色，釉易脱落，原因就是湘、鄂、蜀、赣等地瓷窑产品，可能采用当地含铝量较高和含铁量较低（不超过 1%，江浙的达 3%）的瓷土做原料，胎的温度提高，但釉没有相应调整，结果普遍出现胎未烧结、釉已玻化，釉面光泽强，胎、釉结合不良，出现龟裂、剥釉等现象。同时，它们的吸水率和气孔率也较高，在原料、制作方法和烧造水平上都存在差别，可见胎土、釉药、烧窑等条件缺一不可，而江浙一带却完全具备这些条件。今天在武汉等地六朝墓中所出的青瓷，有很多几乎和江浙的完全一样。据湖北的专家推测，它们可能即来自江浙。安徽的专家根据安徽的实物资料和江浙对比，也认为六朝时期较好的青瓷亦来自江浙。湖南的专家所发表的文章认为，当地所出的另一种青瓷有一些和江西、湖北近似，可能是湘阴窑或岳州窑和丰城窑（洪州窑）的青瓷窑址所产，很有可能始烧于魏晋南北朝时期。但亦有另一些青瓷应属越窑系统，仍来自江浙。

综上所述，窑炉结构上发生的巨大变化，使青瓷烧成温度可达1300℃，具备了真正瓷器产生的条件。江浙一带瓷土，其所含的矿物成分，适合还原焰烧成，再加上釉色青翠纯正，釉面光润晶莹，釉层厚度均达0.1毫米以上，已符合瓷器标准。东汉时期上虞窑青瓷的成分经测定，"釉的玻化良好，釉胎结合牢固，釉胎中间层处有放射状和条状晶体。釉面无裂纹，釉层厚度为0.1～0.2毫米，烧成温度达1310℃，釉面光亮，呈淡青色，胎浅灰白色，坚实细致。原料经过精细加工淘洗，吸水率分别为0.5%、0.16%、0.26%，胎的0.5毫米厚度，薄片微透光，瓷胎烧结良好"[2]。再据李家治先生分析，上虞西晋元康七年纪年砖墓出土越窑双系罐碎片，Fe_2O_3（2.72%）、TiO_2（1.11%）含量较高，使胎呈较深的灰白色，已接近宋、元、明时瓷器的组成比例，烧成温度达1300℃，吸水率0.42%，气孔率为0.92%，釉呈青灰色，厚薄均匀，胎釉结合好，无剥落现象。瓷胎内有发育良好的莫来石晶体，石英颗粒细。其熔蚀边有较多的玻璃态，烧结程度好，薄片（0.5毫米）微透光，已接近现代瓷器标准[3]。由此可知，我国青瓷之烧造，实奠基于东汉，到魏晋南北朝时，当已进入青瓷的成功时期。

当然，我们不是说魏晋南北朝时期所有的青瓷都达到了上述标准，只能认为在已发现的瓷器中，凡是一些大型墓葬或重要墓葬中出土的，往往都有很好的作品。但在同一座墓中也往往会有釉、胎质地和青色不同的瓷器。即使在同一窑中，由于放置位置、烘烧温度、通风条件等因素的差异，烧制出来的产品也有差异。我们在发掘一些中小型和贫民墓葬中，也发现不少胎质疏松、釉色发黄、釉脱落和器物变形的青瓷。因此，烧造瓷器的瓷土和釉药的原料必须合乎要求，窑炉结构必须合理，温度和通风的掌握必须严格。这些在当时的江浙地区，看来都是具备的，所以才能烧制出晶莹滋润、千峰翠色、给人以优美感受的青瓷器。这正是魏晋南北朝时期青瓷手工业的突出成就。也可以说，真正瓷器的出现和得到广泛的使用就在这个时期，甚至可以进一步推测我国瓷器的发源地就在江浙。

2．一些青瓷器物的考证和有关问题

魏晋南北朝墓葬以青瓷器为主要随葬品，而青瓷器中又多生产、生活用品，这个现象并不是偶然的。对此，我们应从政治和经济的角度来考虑。东晋颁布"度田收租"税法以后，到南朝仍然影响很大。这实际上是承认了在江南地区大土地所有制可以无限发展及其私有制的性质，标志着对世家大族愈为优待，对自耕农的剥削愈为加重。如此种种，再加上东汉末年以来的连年战争，造成了分裂割据局面，给人民带来了无限痛苦。因此，三国到西晋墓葬中随葬大量青瓷及牲畜等模型，是象征墓主人生前所拥有的财富。有些墓葬中随葬的地券，则表明私人拥有大量土地。这些遗物，甚至包括在当时流行的一些鸡首壶，可能反映了剥削阶级本身，也期望着一种安定的生活和经济恢复、生产发展的局面。所以大量青瓷器的随葬，除了说明制瓷手工业的发展外，还有政治、经济因素的影响。

青瓷器的形制，包括纹饰在内，主要依其用途而定。六朝早期很多的青瓷罐和壶，大多数都没有盖，口沿是直唇或盘口，没有后来那种明显的子母口或折唇。它们直接以碗或盏覆盖，说明了许多器物都是两用的。只是到了西晋晚期以后，才逐渐出现了带盖的罐或壶。当然，也有个别特殊情况，如南京西岗西晋早期墓中出土的一只带盖青瓷小罐，其盖上雕塑了生动的小鸟形象。这只盖的作用主要为表现其装饰艺术。当时大多数青瓷的装饰纹饰，都是极其简朴的，如东晋青瓷香熏仅仅以三角形和方形镂孔代替浮雕，比起西晋和东汉时期的浮雕博山炉的香熏简化多了。考其原因主要是由于当时青瓷器绝大多数为实用器。在那个分裂的时代，经济力量薄弱，因此在制作过程中，主要从实用的角度考虑，没有也不可能花费更多的人力和物力来做过多而奢华的装饰。这也是政治因素和经济因素决定的。

如上所述，虽然不少青瓷器的制作是从实用角度考虑，但也不是说六朝青瓷中就没有精品，一些世家大族墓中往往出土了非常好的具有典型工艺价值的青瓷。这些青瓷很可能是专为这些贵族特别制作的。不仅如此，在一些大型墓葬中出土的青瓷器，其造型和装饰，往往超出了我们所确认的一般青瓷的时代特点，如南京西岗西晋早期墓的青瓷洗上，饰铺首衔环又配以圆圈纹、斜方格纹。又如一些唾壶、小盂在西岗墓中已饰圈足，碗、洗、提篮、双系小罐等则饰假圈足，过去认为圈足和假圈足要到东晋时才出现，现在已见于某些西晋早期墓。再如南京富贵山东晋大墓出土的深腹、高实足青瓷盅和压印缠枝花纹的瓷钵，过去多见于南朝甚至隋代，现已出现于三国至西晋时期。另如南京雨花台所出的吴末青瓷釉下彩带盖盘口壶，过去亦认为是东晋时的器物。这些特殊情况并不能代表普遍的规律，但我们也不要认为这些特殊器形的装饰的出现，仅仅反映了瓷器生产和发展的不平衡。正是因为这些因素的出现，说明中国瓷器的产生和发展有提前的趋势。如褐色釉的瓷器，过去仅

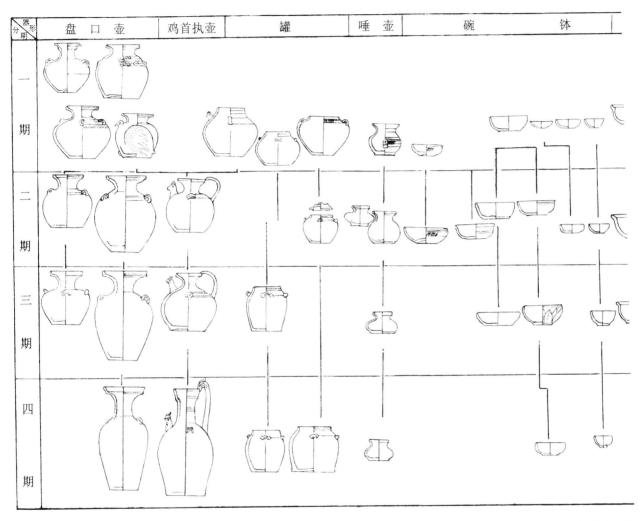

器形 分期	盘口壶	鸡首执壶	罐	唾壶	碗	钵	

图三五　江苏南京六朝青瓷分期图(引自魏正瑾、易家胜《南京出土六朝青瓷分期

图三六　江苏宜兴出土西
　　　　晋青瓷神兽尊

认为在东晋时始出现，现在不仅提前到西晋，更提早到三国
（图三五、三六）。

我们所见西晋时期的一些青瓷，从拉坯成形，到入窑烧
造，存在着各种不同工序，并且是由多人组合的手工业作坊所
生产。这说明当时已有专门从事青瓷手工业生产的人员和独立
的手工业体系，如南京出土的青瓷虎子上刻写"赤乌十四年会
稽上虞师袁宜作"，说明制作这样的青瓷已有专门的工匠。到
了东晋，日用青瓷更为普及，也说明制瓷手工业队伍不断扩
大。生产增加以后，不少青瓷虽然首先满足地主贵族的需要，
也可能有多余的被当作商品来销售，或者有些手工业作坊专门
生产作为商品销售的青瓷。

下面我们着重讨论和考证一下，在江苏六朝墓葬中出土的
一种青瓷飞鸟人物楼阁堆塑罐。这种青瓷罐是六朝时期一种独

特的随葬品。这种陶和瓷质的罐形平底器，口沿以上部分堆塑
楼阁、人物、飞鸟、走兽，有的还有佛、孝子守灵、龟趺驮碑
等形象。其腹部有的素面无纹，但大多数模印和堆贴各种飞
禽、走兽或佛像、铺首等。这种罐形器有的本身有纪年铭文，
有的伴出有纪年砖或铅地券。值得注意的是它们除了在时代上
仅限于东吴到西晋，在地区分布上亦仅在长江中、下游的江浙
和江西边缘地区。考古界有人称它为"谷仓"或"魂瓶"，或
单纯客观地称为"人物飞鸟罐"或"鸟兽人物罐"等等，众说
不一，迄无定论。它们的名称和用途是一个值得探讨的问题。
就迄今国内已知的材料（到 1985 年为止）而言，这类罐仅仅
有四十四件（包括陶质的），但发表的只有三十件，其中吴的
有十件（其中一件器身有纪年，两件有铅地券及墓砖纪年资
料），西晋有的二十件（其中三件器身有纪年，七件有铅地券
及墓砖纪年资料）。故知三十件中器身有纪年和墓葬其他纪年
资料的合起来共十三件，占总数的 43%。最早的一件为东吴
永安三年（公元 260 年），最晚为西晋永宁二年（公元 302
年）。没有纪年的根据墓葬时代判断，年代应为东吴中期到西
晋末期。由此可见，这三十件中江苏堆塑罐的上、下限时间不
会超过 100 年。其中纪年墓吴的有两件，西晋的有八件，占一
半以上，所以它们的时代是很明确可靠的。据其形制、制作和
自然情况，经过研究可以做如下几点归纳：

（1）陶瓷演变形势的转变

西晋以后青瓷逐步发展和普及，渐渐取代了陶器，但其形
制的变化，也反映出受到陶器的影响。这类堆塑罐显然从汉代
五联罐演变而来。江苏吴墓出土的堆塑罐，带有浓厚的五联罐
遗风，可以看出一脉相承的关系。直到西晋以后，这种五联罐

的形式才逐渐消失。

（2）地主庄园生活的反映

堆塑罐的造型特殊，又无实用价值，应是一种专门制作的陪葬明器。从其丰富多彩的堆塑、印贴内容分析，不能不认为有祭祀死者、超度死者灵魂升天的意思。如果结合民俗学资料来看，现在尚有一些地区扎制各种纸质的房屋建筑、衣物、箱柜、人马、车轿等物品，祭祀死者后焚化，以期让死者带去另一个世界享用。这与古代放置各种明器随葬的作用应是一样的。从另一个方面看，罐上堆塑的亭台、楼阁、仓库、门阙等等，又是士族地主庄园生活的真实写照。六朝时期豪门地主占有的土地很多，并有许多田园别墅。这些士族大地主多集中在苏南及浙江一带。从今天掌握的堆塑罐的出土地点看，仅在长江中、下游地区，特别是江苏、浙江一带，可推断其与江南大地主的庄园经济应是分不开的。

（3）思想意识的反映

佛教在东汉传入中国，到了六朝盛行各地。东吴首建建初寺于建邺（今江苏南京），西晋时佛教已普遍传播。这在堆塑罐堆塑、印贴的内容上也得到反映。如南京高家山高场 1 号墓出土的一件堆塑罐，罐顶为一方形陶屋，四面均有门，门内各置佛像一尊，方屋四周又有佛像四尊。下面罐颈正面开一门，中有佛像，两边有双阙。其周围又塑佛像八尊，共计二十尊。佛像均趺坐、合掌，头上似有发髻或冠，有背光。另外，在罐腹上也贴有佛像或僧人形象，俨然是庙宇礼佛的场面。

另外，从一些堆塑、印贴的飞禽走兽和人骑龙、凤的形象看，有些是属于实际存在的，如虎、熊、鹿、鸟等，大都有象征吉祥、长寿的意思。有些现实中不存在的，如凤鸟、飞龙、仙人骑异兽、带

图三七　江苏南京中华门出土东吴红陶飞鸟人物堆塑罐

翼辟邪等,则反映了"跨巨鲸、御长风、羽化登仙、遨游寰宇"的缥缈意境。这是当时士大夫阶层消极颓废道家思想反映(图三七)。

六朝时期虽然士族门阀制度盛行,上层阶级崇尚清谈玄学,但儒家孝悌思想仍占相当重要的地位。堆塑的孝子守灵膜拜顶礼、举丧致哀等形象,应属儒家的伦理道德范畴。综上所述,墓主人生前拥有高大的楼阁庭院和贮藏粮食的仓廪,有为他们消遣娱乐的乐舞百戏和供他们精神寄托的宗教崇拜,死后有孝子守灵,以及各种珍禽异兽的形象,作为他们死后"灵魂升天"、"羽化成仙"的象征。这一切都无非是为祭祀墓主人时,幻想他们在另一个世界可以同样享受生前的荣华富贵,并且还痴想将这一切留给子孙后世。所以说,这种具有丰富多彩内容的堆塑罐所反映的意识形态，是儒、道、佛三家思想糅合在一起的产物。

（4）堆塑罐的造型

这类堆塑罐在造型上可以归为四种形式。一是楼阁庭院式，有的有门楼和双阙，有的有角楼和殿堂。这占了西晋青瓷罐的多数。它们往往还在庭院内堆塑乐舞百戏和仪仗场面的场面，反映了地主庄园生活的场景。二是谷仓式，有的塑成圆囤形仓库，有的在圆形罐腹上刻一些小孔，塑一些人物执杖赶鼠的场面。三是庙宇式，不仅有寺庙的建筑形式，而且还有浮雕佛像和僧人形象，并有背光。四是丧葬礼仪式，塑有棺木，两旁俯伏死者亲属，身着孝服，并有乐师奏乐的场面。在这些青瓷罐的上部，几乎大部分都有禽鸟装饰。它们形态各异，有的觅食，有的栖息，大都作展翅飞翔状，头部向上，雕塑得颇为生动。最多的一罐塑有六十六只，飞、鸣、食、宿，神态各异，很可能和汉画像石雕刻飞鸟在画面四周作为装饰有关。还有少数青瓷罐上塑以龟趺驮碑形象。如吴县狮子山出土一件堆塑罐，碑额上刻写"元康"二字，碑面上刻"出始宁，用此霝，宜子孙，作吏商，其乐无极"等字；吴县何山出土一件堆塑罐，碑额上刻"□福"二字，碑面上刻"出始霝，用此□，宜子孙，作吏高，其乐无极"，这显然是吉祥语。"用此霝"、"出始霝"之"霝"字，据考可能即"䰅"（音"灵"），亦作"霛"，是瓦器的意思。这为我们考订当时这种青瓷器的名称提供了宝贵的资料（图三八）。

（5）墓主人的身份

从堆塑罐的出土情况看，一般都出在大型砖室墓内，如南京麒麟门外西岗西晋墓，由前、后室和三个侧室组成，全长

图三八　江苏句容出土西晋
青瓷人物堆塑罐

8.15、宽 11.15 米。该墓早年被盗，但仍残留青瓷器四十件，铜铁器十三件，金银器四十三件。又如南京板桥石闸湖西晋永宁二年汝阴太守墓，墓分前后二室，全长 7.5、宽 2.82 米，并有铅地券出土。这些显然都是世家大族、封建地主的墓葬。

再从三十件堆塑罐的造型上看，没有一件相同，可见是根据各自不同的需要特别烘烧的。由于要在不到 60 厘米高的罐上，进行各种堆塑、印贴工艺，即使是有熟练技巧的工匠，工序也相当复杂，因此决不是一般平民所能办到的。据此两点可以确定，其墓主人身份应为当时的士族大地主和官僚统治阶级。

（6）青瓷罐的定名

首先从罐上雕塑的楼阁庭院、谷仓、庙宇、丧葬礼仪等内容看来，是专门作为随葬的明器无疑。这些内容绝大部分是当时地主庄园经济和庄园生活的缩影，同时又和汉画像石有一脉相承的关系。因为汉画像石中出现的楼阁、收租、乐舞、出行等场面及飞鸟、动物等装饰，堆塑罐上亦应有尽有。和汉画像石的不同处，只在于是从平面到立体，从大到小而已。汉画像石主要是汉代地主贵族物质生活的写照。而到了六朝，佛教盛行，玄学清谈又在上层人物的思想意识中占有一定位置，因此，罐形器上的某些雕塑，较汉代内容更为丰富，并反映了墓主人的精神生活状态。如果从这一角度考虑，此类瓷罐以定名"魂瓶"似较恰当，但一定要与前代所出的一种"还魂瓶"区别开来。

青瓷器中有"虎子"一物，至今尚有不同看法。孙吴时期虎子多似蚕茧状，直口上翘，有的腹侧刻有双翼，提梁作绳状或螭虎状，四足附于腹下，似一伏虎形象。西晋时期，虎子造型与孙吴时大致相同，只是体形稍长，口的上部塑有虎首，形象较前生动。东晋时期，虎子已变成圆形，外底稍内凹，直筒口，附绳状提梁，形象不如以前生动。到了南朝，虎子似已绝迹。迄今虎子的用途，大多数人认为是一种溺器，因为《史记》、《周礼》、《三国志》、《西京杂记》中有许多关于虎子的解释，其描绘的形象与今天出土的六朝虎子颇相似，故应为便溺之器。但有的虎子出土位置往往和一些饮食用具如盏、碗、盘、罐等放在一起，有的虎子身上还刻有铭文，如"赤乌十四年会稽上虞师袁宜作"，直接将人名写在"亵器"上，很难解释这种行为。因此，有人怀疑不是溺器，并认为汉代曾出漆虎子和铜虎子，应和匜有关，是一种盥洗器。六朝虎子中的一种兽体长形的也应是盛水用器。六朝虎子出土数量不多，且许多虎子所在之墓都经过盗掘移动，故从 1957 年提出讨论，迄今一直没有结论。笔者认为，六朝时期的虎子，因其形制和出土位置不同，可能各有不同用途，但应排除由于时代早晚而产生的形体的变化。

3．陶俑

六朝陶俑是陶器随葬品中数量较多，且又具有时代特点的遗物，故往往引起人们的注意，是研究六朝服饰制度的最好实物资料。不过由于发现的陶俑大都是墓主人（世家大族）的侍从奴仆之类人物，仅有少数如西晋元康七年（公元 297 年）的瓷俑一对（男女各一件）、西晋永宁二年（公元 302 年）的瓷俑一对（男女各一件）[4]，可能是墓主人的塑像，余均属下层人物，所以在研究时受到一定的局限。根据已发表和公开展出的资料初步统计，江苏出土两晋南朝俑五十五件（较为完整的俑），其中西晋三件，东晋二十七件，南朝二十五件。可分为女俑（有的身份不明，总称女俑）、男侍俑、文士俑、武士俑四大类。男女瓷俑和石俑数量很少，故一并于此叙述。现按时代作如下说明：

（1）两晋时期

中型以上墓葬中多有发现。其制作方法，可分捏制和半模制两种，以后者居多。捏制的俑系用手捏制后，再用刀修整，仅能看出俑的形象，衣饰不明显。半模制的俑，又可分为分段合模再加修饰和下半身手制两种，以分段合模俑最为规整自然。

（2）南朝时期

与东晋时期制作方式皆同，惟服饰与之有异。出土时多半成对发现（一男一女），也有两对或三对的。大型墓葬则出现成组俑群，可能为仪仗俑之类。

魏晋南北朝陶俑均以灰陶制成，不少陶俑身涂白粉，个别也有面部涂朱的。现将男女俑（含侍俑、文士俑、武士俑）发式和服饰作横向的比较可以得知，这些服饰内容有几点是值得注意的。

到了六朝时期，北方少数民族的服装已传入中国，而且和汉服逐渐融合，成为一体。如古时"襦袴"是内衣，春秋时赵武灵王"胡服骑射"始穿于外，袴褶正式被中原人采用，至三国时已普遍用于平民百姓。据《三国志·江表传》裴松之注："范出，便释褲著袴褶，执鞭诣阁下，自称邻都督。"故知从下层士兵到高级将领均普遍穿着这种袴褶。陶俑中所见袴褶可分两种，一为窄袖褶小口袴，一为窄袖褶大口袴。也有大褶的，或大褶下部分开，便于骑马、行事，但不见于女俑和文士俑。

在东汉上层社会，袍服转入制度化，似乎按官爵等级有一定规定。当时陶俑反映上层人物形象的很少，但从南京板桥石闸湖、江宁张家山出土墓主人男瓷俑的装饰看，均着束口窄袖长衣，上俭下丰，衣裳博大，与侍俑不同，应和当时士族所着者同。从侍俑等服饰来看，可能有一些服饰是不分贵贱、普遍使用的。如汉末之平巾帻，在三国时多用巾帽代替，当时有折角巾、菱角巾、紫纶巾、白纶巾等，将军、士兵皆用，直至两晋南北朝。又如女俑头饰所见西晋者十字式，东晋者为两鬓抱面，遮蔽眉额，晋末齐梁间改为急束其发上耸成双环。据沈从文考证，这种装束名"飞天纷"，显然受佛教影响，但不分贵贱，均作同样装束[5]。又如古代的一种上下相连的单层服装——"深衣"（又称单衣），在魏晋南北朝时亦不分贵贱均可穿用，如上衣之"襦"服一样。

图三九　江苏南京西善桥东晋墓出土陶女俑

　　那时有些服装男女款式相同，估计社会各阶层皆可穿着。这反映了当时的社会风尚，说明在男女衣着上没有严格的界限区分。如"襦"为上衣之一种，有单复之分，但不分男女。史书上说，袍服应是男子服装，这在侍俑、文士俑、武士俑中都可看到，而当时女俑亦有着袍者，如南京西善桥竹林七贤壁画墓女俑（图三九）。再如"裙"，往往和"襦"相配，也是男女、贵贱不分，均可穿着。

以上所举各类服装名称，可参见出土衣物券。湖南长沙东晋升平五年（公元 361 年）周芳命妻潘氏衣物券，以及江西南昌晋墓出土墨书木方衣物券中列举甚为详尽，不再赘述。许多东汉陶俑身着上短下长的服装，到了六朝则更为普及，均成上小下大、交领上襦、裙裳合一的形式。特别是妇女发髻内多加假发，两鬓余发下垂及耳。《晋中兴书》云："太元中，妇女缓鬓假髻，以为盛饰，用发丰多，不可恒（行）戴，乃先于人借头。"这从南朝女俑中可以看到实物形象。西晋女俑，仅将头发后梳成小髻，可能当时假髻风气尚未形成。至于陶俑脚下所着的"屣"，则女子圆头，男子方头。"至太康初，妇人屣乃方头"。"旧为屣者，齿皆达，微上，名曰露卯。太和中，忽不彻，名曰阴卯"。文献、实物相互对照，一目了然。

从出土陶俑的墓葬大小、位置异同以及服饰式样来观察，我们发现在同样大小或墓主人地位身份相同的墓葬中，处于相同位置的陶俑，其服饰可以不同，而处于不同位置或不同地位身份墓葬中的陶俑，其服饰却有完全相同的。因此，可以认为在东晋南朝时期，至少在江苏地区，丧葬制度中的服饰制度并不是十分严格。正如陈寅恪所说："旧籍于礼仪特重，记述甚繁，由今日观之，其制度大抵仅为纸上之空文，或其影响所及，止限于少数特殊阶级……。"[6]

目前所见魏晋南北朝陶俑反映的服饰，仅是当时服饰制度的一部分，对照当时的一些绘画和北朝陶俑，如晋《女史箴图》、南朝《斫琴图》、北齐《校书图》、北朝邓县画像砖、南朝竹林七贤砖印壁画、北朝宁懋石棺线刻图、北朝景县封氏墓陶俑、北齐张肃俗墓陶俑，也许对服饰的研究会更为全面一些。当时上层世家大族和下层平民的各种服饰，受到中国正统阶级和少数民族各方面的影响，逐渐日趋完善，为隋唐时期服饰集大成奠定了基础。这是不容忽视的。同时也可以看到，大多数侍从等平民阶层所穿着的衣饰，多从劳动实用出发，与士大夫们所着的"褒衣博带"有很大的不同。这是很明显的阶级差异在服饰上的反映。此外，个别陶俑的装饰，尚可反映当时盛行的佛教影响。如江西南昌出土的吴永安五年（公元262年）墓中陶俑，前额有类似"白毫相"的装饰。这和其他文物的佛教造像装饰是具有同样意义的。

4. 金银器及其他

（1）金银器

魏晋南北朝的陵墓和世家大族墓内多有金银器随葬，如果不是经过盗掘和破坏，其数量一定相当可观。金银器物的工艺技术，反映了当时的金属加工业的成就，以及上层阶级奢侈的风气。金银器中以饰件为多，下面举两例说明。

南京大学北园东晋墓发现的镂金饰片，均用大小不等联珠纹镂成兽面形。较大的一片作佛龛状，两个半圆形的金珠上有双目，似一龙首，另一片似虎首。与金饰片同出的还有长条形金叶片，上镂嵌放小珠的圆孔和镶嵌银合金钉的圆孔。由于背面附有少量漆皮，估计是一件漆器上的饰件。距金片不远处发现有漆盒的铜盖。这件已损坏的漆盒经复原，长、宽、高均为6.8厘米，四个立面上皆以上述长条金片作边饰，并将龙形或虎形的镂金饰片嵌在立面正中，应为盒的正面和背面。其两侧各有一龙头向前的金片。这一复原，可作为其他一些墓葬中出土类似金饰片的复原参考。

　　江苏丹阳胡桥南朝大墓发现很多金、玉、料等饰件，其中有飞鸟、蜥蜴、花叶形金饰件，插在玉和琥珀、水晶制的小管上，还有玉泡、料珠、玛瑙珠等，应均为妇女发饰。《晋书·舆服志》云："皇后谒庙……首饰则假髻，步摇，俗谓之珠松是也，簪珥。步摇以黄金为山题，贯白珠为支相缪。"曹植《美女篇》记："头上金爵钗，腰佩翠琅玕。"据沈从文考证，《女史箴图》上的妇女头饰，即金雀钗，"雀"即"爵"也。此装饰在马王堆汉墓帛画上可清楚看到。步摇、金爵钗实际上是沿用汉代的习俗而来的。由此推测，这些饰件可能即为"步摇"和"金雀钗"上所用。

　　当时大、中型墓中出土金银器似乎已成为屡见不鲜的事。汉以后，金银由于佛事消耗（如佛像大量贴金等）及流入民间者较多。《晋书·食货志》记："斗米金二两。"可见用金，不仅以斤计，也以两计，故知用途之广泛，用量之多。侯景乱梁时，援兵到北岸，人民扶老携幼，以候王师，讵料兵才过江，便竞劫夺，"征责金银"。其后江南大饥，百姓流亡，尸横遍地，不出户牖者，莫不"衣罗袴，怀金玉交相枕籍，待命听终"[7]。史书为我们描绘了一幅世家大族奢侈腐化，寄生堕落，在侯景之乱时抱着金玉不放，坐以待毙的景象。

　　虽然如此，当时所用的大多数金银，并不是当作货币，而主要用作装饰。《晋书·舆服志》载：佩剑之首，用玉、蚌、金、玳瑁为雕饰。金钏、金环等物大都用以赏赐臣下、妃嫔。所以我们认为，六朝墓中所出金银皆为饰品不足为奇。而其中大多数金器经过鉴定，含金比例最高达95％，亦可见冶炼技术之精。

　　从当时大、中型墓葬中出土大量金银器的现象可以看出，厚葬之风并未减弱。魏晋南北朝时，一些帝王严禁厚葬，特别是不准随葬金银，但并未起作用。如上文所举《晋书·礼制》中魏武帝即不准随葬金珥珠玉，但到了东晋，康帝陵中就用宝剑、金鸟随葬。今从出土实物亦可得到证实。

　　金属铸造和刻镂加工是魏晋南北朝时期和青瓷业并驾齐驱的另一重要手工业，上述发现的金饰件说明其工艺制作之精细。魏晋南北朝以前偶而在精巧的小饰具和带饰上使用过粟状金珠累铸的技艺，这时较多地出现于各种钗佩中。各种不同种类的形象、镂孔刻雕的工艺在硬度较大的金片上或金块上进行加工，其难度之高是可以想见的。又如金器中出现较多的环，工艺极为精致。虽有大小之别，但其直径不大，且不开口，可能是直接铸出后再行加工制成。附带说明一下，这类金环是否为指环或耳环也是值得商榷的。因为一是没有开口不好戴在耳上，二是较大也不应是套在手指上的。《晋书·傅玄传》上说金环是放在衣物上的饰品的理论，可供参考。

　　关于金银制作的具体工艺和工具使用，从实物资料上缺乏证明，但从有关文献中可以找到一些线索。因为金银在当时主要用以赏赐和装饰，只在少数地区（两广一带）作为货币流通。因此对金银的制作，以装饰为其出发点，对工艺之讲究，自不待言。齐高帝送金钗二十枚与周盘龙爱妾杜氏，齐武帝以金镂柄银柱琵琶赐褚渊，王敬则以金铃饷周奉叔，都是制作得十分精美的器物。两晋南北朝之世，巧工能匠很多，如祖冲之、杜预、薛悰、蒋少游、张永等人，均为当时帝王所赏识。御府衣服、金银、珠玉、绫罗锦绣，以及官僚的乘具、弓矢等等都由专门的工匠制作。金银器的制作加工，估计可能有较前代更为改良的工具。特别是我们看到一些金器上的圆洞，在这样硬度较大的金属上钻孔打眼，是很不容易的事，大概需有简单的车床、磨具等等，才能达到如此精确的程度。这是很值得研究的。

（2）丹丸

发现于南京象山王氏家族 3 号墓（王丹虎墓）内，共二百余粒，部分已成粉末。出土位置在棺内死者头部一个圆形漆盒内，皆呈颗粒丸状，朱红色，直径 0.4～0.6 厘米左右，大者重 0.468 克，小者 0.275 克，平均 0.372 克，大小不等。所盛的漆盒已腐朽，从其残迹可知直径约 10 厘米。成粉末状的丹药，也放在漆盒内，计有朱红色、粉红色、白色三种。这些丹药在 1965 年经南京药学院取三粒样品（各重 0.393、0.315、0.275 克）化验，结果如下：定性分析为硫化汞，有二价汞的特性反应；定量分析硫占 13%，汞占 60.9%，尚有 26.1% 成分待进一步分析研究。据化验报告的结果，它们很可能就是当时士大夫阶级服食的"丹砂"、"朱砂"一类的丸剂。因此，王丹虎墓出土的红色丹药，应是我国第一次发现古代炼丹化学史上的实物。它的发现对研究我国化学史、医学史等都具有重要意义。

魏晋南北朝时期，服食之风盛行，"服食"就是"服石"，也就是吃一种能长生不死的丹药。《神农本草经》、《抱朴子》中都有关于服食丹砂的记录。这和东汉末年金丹术及道教盛行有密切关系。当时士大夫阶层中出现了依附道教、修道成仙的风气，而金丹家企图从矿物中炼制仙丹，用服食金丹的方法，把黄金的抗腐性和还丹的升华转移到人体中去，以期长生不老。因此，当时世家豪族无不服食，王氏家族中不少人信奉道教和服食丹药，如王羲之、王献之等。王丹虎是王彬的长女，也是王氏家族成员。她所处的时期正是魏晋南北朝盛行服食的时期。其墓内发现丹药，证明她很可能也爱好服食，并且是一个道教的信奉者。由于魏晋时期服食者往往中毒而死，信奉者并未成仙，亦未长寿，魏晋以后，此风逐渐衰落下来。但是金丹家，如葛洪、陶弘景等人，却在炼丹的实践中，对古代化学和医学研究做出了重要的贡献。在长期的实践过程中，他们积累了不少有用的化学知识，扩大了应用的范围，对促进化学科学的发展起了一定的作用。如将红色的硫化汞（丹砂）分解出汞，再加硫磺又生成黑色的硫化汞，再变为红色；又如从炼丹过程中发现了铁置换铜的作用，可能是蓝铜矿（$Cu_3[CO_3]_2(OH)_2$）或孔雀石（$Cu_2[CO_3](OH)_2$）（葛洪称"曾青"）所致（即所谓"以曾青涂铁，铁赤色如铜"）；又如将雌黄（As_2S_3）、雄黄（AsS）两个硫化物加热，可以升华而变为赤乳（升华后的晶体）；再如将铅变成氧化铅，加热后为四氧化三铅，又能分解出铅等等。王丹虎墓丹药的重要成分硫化汞，是古代金丹术中的主要药物，与葛洪所炼的丹药记载基本相同。这些丹药的丸剂如何成型，涉及到当时的医药水平。它们制作方法中的炼合剂做法，能形成丸剂是很不容易的，值得进一步研究。李约瑟对中国的金丹术有很高的评价。他说："西方现代化学的鼻祖培根，就受到这些影响。这一发展过程是一脉相承的。"[8]所以，金丹术自战国时期的神仙术开始，经过秦汉、魏晋南北朝直至唐宋，不断发展和提高。它们的实验操作技术和各种无机药物的运用，有不少是合乎科学原理的。还有金丹术在炼制过程中采用的类比方法、朴素的唯物主义思想观点及金丹家兼修医药的一些成就（如本草学、医药化学方面的知识）都是今天值得借鉴和总结的。这不能不说是我国古代金丹家们的贡献。他们为化学科学的发展做了一些开路的工作。

至于王丹虎墓的丹药有 26% 的成分尚待进一步分析，这也给我们提出了一些问题，如按硫化汞的正常比例，这里的硫多 4.6%，是游离的硫，还是其他硫化物？其中的丹砂是自然物还是人工制成？也不能肯定。丹砂中虽然汞有毒性，但硫化汞毒性甚少。因此，服食这样的丹药而致死的原因也有待进一步探讨。

（3）铜钱

北方地区出土较少，现仅以南方地区为例。六朝时期，东吴孙权铸造各种大钱（如"大泉五百"、"大泉当千"等），其时吴兴沈充又铸小钱，称之为"沈郎钱"[9]。但孙吴大钱往往被人改铸为铜器，沈充不久被杀，故这类钱所铸有限。晋室渡江以后（公元 317 年），江南就没有铸过货币。东晋末年安帝时桓玄曾主张废止货币，使用谷、帛。从这里可以看出，当时货币在市面上并不占主要流通地位，王玄谟曾用一匹布换八百个梨，汉川一带"悉以绢为货"[10]。这些都反映当时政府财源缺乏，无力铸钱，只好以物易物。所以到梁时尚有沈约提出停用货币。当然，这种用实物交换的主张，显然是一种倒退的想法。货币的使用，是商品交换的结果，又是生产力发展的结果。所以经济发展以后，生产价值增加，促使商品交换增多，必然对货币的需求也就增加。既然不可能废弃钱币而全用谷帛，政府就不得不铸造货币。

刘宋"元嘉之治"时期，江南经济呈现一时繁荣的景象。元嘉七年（公元 430 年）皇帝下令设立钱署，开始铸造四铢钱，其形制和五铢钱同。由于成本较高，所铸不多，于是民间时有盗铸，或剪凿古钱取铜代钱的现象发生。到元嘉二十四年（公元447年），一度实行"以一大钱（汉吴所铸）当两（新铸四铢）"[11]的办法，允许古钱亦可流通，并下诏提高大钱（古钱）的价值，一枚抵四铢二枚，但"富人赀货自信，贫者弥增其困"[12]，说明仍有许多弊害，钱币仍旧缺乏。孝建元年（公元454年）又铸四铢钱，称"孝建四铢"，形制更为薄小，民间盗铸尤剧，甚至杂以铅锡，弄得物价上涨，人民怨恨。迄永光二年（公元465年），钱币越来越劣，于是又铸二铢钱，币制更为混乱。同时，复许民间公开私铸，使局面更为不可收拾[13]。当时盗铸的钱没有轮廓，与剪凿者同，称为"来子"，"一千钱长不满三寸"，称为"鹅眼钱"，更劣的钱称"綖环钱"，"入水不沉，随手破碎"[14]，因而商贾皆不敢使用。泰始二年（公元466年）官府索性明令禁用，专用古钱。

这样，虽然两次铸造新币，仍不敷用。到齐武永明二年（公元490年）又"遣使入蜀铸钱，得千万，功费多，乃止"[15]。当时货币缺而价昂，布价反而低落。从元嘉二十七年到永明年间（公元450～493年），不过四五十年，布价竟跌落五六倍之多。元嘉时，布已由东晋末的一千文一匹，跌到五六百文一匹，而永明年间，一匹布只值一百文。布价下跌一方面是由于布的产量增加，一方面也因钱币价昂。

梁武帝时，因"梁初，惟京师（建康）及三吴、荆、郢、江、湘、梁、益用钱；其余州郡，则杂以谷、帛交易；交广之域，则全以金银为货"[16]，故再行铸钱以应需要。所铸之钱曰"五铢"与"女钱"两种，后者亦称"五铢女钱"（较前者为小，无内廓）。这些钱币由于轻重不一，而古钱在民间仍用，故币制十分紊乱。到普通四年（公元523年），不得不下令尽罢铜钱，改铸铁钱。结果铁钱堆积如山，民不为用，物价腾涨，交易者往往以贯为单位计算（千钱为贯）。侯景之乱后，铁钱不用。梁末敬帝绍泰二年（公元556年）又铸二柱和四柱铜钱，一当二十，后又改一当十。

陈时用梁末二柱钱和鹅眼钱。文帝天嘉五年（公元564年）又铸五铢钱，一当鹅眼钱十。宣帝大建十一年（公元579年）铸太货六铢，一当五铢十，又改一当一。后又废六铢，专行五铢[17]。

由此可知：

第一，当时货币使用和发行的情况十分混乱，反映出政治上的不稳定。

第二，南朝经济是中国传统封建经济的一个组成部分，它一直是以农业为本的小农经济，实质上就是一种自给自足的自然经济。因此，需要用钱的地方，也正是长江流域经济比较发达的地区，而商品经济的活动范围是有限的。

第三，南朝时期谷、帛与货币并用情况非常普遍，钱币质量较差。这是当时自然经济占统治地位的必然现象。所以交换的媒介及长期使用谷帛和货币的紊乱并不能从根本上影响经济的发展。从某种程度上看，纵然币制紊乱，也只是使谷帛的使用范围更加扩大而已。

第四，虽然如此，我们还要看到由于钱币的铸造落后于社会对钱币的需要，而产生的筹码不足，盗铸之风盛行，仍是南方社会经济的一个严重问题。

第五，南朝墓葬在南京地区发现甚多，且有许多帝王、官僚、大地主之墓，但墓中出土钱币甚少。这其中虽然有破坏和货币锈蚀不存的原因，然而从出土情况所做的一些统计，发现几乎有铜钱随葬的墓葬 90％都是五铢钱或剪轮五铢钱，没有一个墓葬出土过二铢、四铢、六铢或两柱、四柱钱，少数墓葬有半两、货泉、大泉五十、大泉五百、大泉当千等早期钱币随葬。同时，还有一种相当普遍的现象，即南朝墓葬俱为砖室，砖上均有纹饰，而不少为五铢钱纹或钱纹。这种现象极可能是反映当时缺钱严重，不得不以钱纹砖来象征财富。因此，现存个别遗址和窖藏中所出六朝钱币则弥足珍贵。

1936 年，南京光华门外中和桥南草场圩发现梁五铢钱范，用红色陶土做成，正面为五铢，背面四出，亦有正面作大富五铢、大吉五铢和大通五铢者。据朱偰推测："不知系铸而失传，或竟未铸。"[18]我们核对史书，梁时仅铸五铢及五铢女钱，未见上述三者，民间私铸，亦未见此三者，抑或为新铸者。笔者认为暂不论其是否失传或未铸用，至少说明当时确实由于钱币缺乏而拟铸新的货币。这一实物资料当可补史料之不足。

1973 年，江苏丹徒发现东晋——刘宋窖藏铜钱二百八十余斤，其中五铢钱占 90％以上，且有不少剪轮五铢。这和墓葬现象是一致的。

1982 年，安徽马鞍山市三国东吴将军朱然墓出铜钱 6000 枚，其中五铢即达 97％。因此可以认为，六朝时期虽曾铸币，但大量使用的，仍以古币为主。这反映私铸和盗铸情况十分严重。考古实物证明，史料反映的情况是属实的。

总而言之，南朝货币杂行，发行量小，并不说明当时经济衰退，商业萧条。马克思说："货币贮藏者把商品变为货币，是为了以货币形式保存商品。"这个理论诚然不错，但南朝时期除了一些上层统治者有此条件外，广大农民尚难实现这种目的。再则，马克思说："从货币作为流通手段的职能中产生出货币的铸币形式。"[19]对照南朝时期各种铸币形式，虽为货币流通手段，但往往事与愿违，反而限制了货币的流通。因此，货币的紊乱现象虽然反映了政治上的动荡，但对于封建社会自然经济的发展，特别是在南朝时期大土地所有制盛行的情况下，每一个农庄与外界的来往，仍保留了独立的自给自足的自然经济，交换仅为次要，并常以物物交换（谷、帛为交换手段与媒介）为主，货币并未完全起到应起的作用。即使贸易发达之域，也往往以金银为货。这充分反映了南朝历史的一个特点，而绝不是资本主义时期货币所能发挥作用的情况。这是值得我们注意的。

（4）其他

我们往往在瓷砚或陶砚上，发现有使用过的墨及其残块。南京老虎山颜氏墓出土的墨经过鉴定，与现代墨非常相似。它们成团状，加热后能燃烧。另有一块经鉴定是石墨，故知当时以上两种性质的墨均在使用。根据历史文献记载可知，石墨在汉代以前已经使用，而与近现代墨相似的还没有发现过。因此，从魏晋南北朝墓中发现的比较进步的墨，是重要的实物资料。这与汉代发明的纸张到此时已广泛使用可能有直接关系。

玉石器中的石器应包括滑石、砂石、石灰石三种，有人、牛、马、猪等形象的俑及弩机、印章和各种饰件。石俑造型往往和陶俑同，不过形体较大。滑石由于质料较软，可以雕琢成各种形象，因此往往加工成小动物随葬作为明器。玉器有印章、佩、珌、带钩和小动物（如猪等）等（图四〇、四一）。玛瑙和玉器一样，也雕琢成一些装饰品。值得一提的是1998年底在南京东郊高崧夫妇墓中出土的一组玉器，有佩饰、剑具、日用品及葬玉等三十余件。它们雕琢精美，形制多样，明显区

图四〇　湖南安乡西晋刘弘墓出土双龙纹心形玉佩

别于汉代玉器，极具时代特点。

　　漆器原在六朝墓中并不多见，且与汉代漆器近似。1984 年 6 月在安徽马鞍山市发现的东吴朱然墓中的漆器，为我们提供了重要的实物资料。据安徽省文物考古研究所报道，该墓前后室内各放置漆棺一副，后室棺较大，推测为朱然之葬具，前室棺内死者可能是其妻。随葬品总计一百四十多件，有漆器、瓷器、陶器等，几乎全是实用器。漆器数量最多，共约 80 件，有案、盘、羽觞、榼、壶、奁、樽、盒、匕、勺、凭几、砚、屐、扇、梳、刺、谒、虎子等，有木胎、篾胎、皮胎等。一般在木胎上再贴一层麻布，并用红铜镶嵌，漆器外髹黑漆。装饰工艺有描漆、戗金锥刻、犀皮漆，个别还有雕刻和彩绘相结合

图四一　甘肃武威前凉灵均台遗址出土青白玉卧羊

方法。正面彩绘帝王、孝子、乐工等人物形象，人像旁标明名字或动作名称，如"长沙侯"、"鼓吹也"、"腹旋"、"跟挂"等等。辅助图案采用行云纹和动物、植物花纹，笔触流畅，疏密得体。漆器背面大多隶书铭记"蜀郡作牢"，说明来自四川。出土木谒和刺上墨书："……右军师左大司马当阳侯丹杨朱然再拜"、"故鄣朱然再拜问起居字义封"和"丹杨朱然再拜问起居故鄣字义封"等字样。这是当时的一种流行写法，与南昌东吴高荣墓中所出木简相似。查《三国志·吴书》，朱然是丹阳郡故彰县（故彰东吴属吴兴郡，"彰"与"鄣"通用，今浙江安吉西北）人，官至右军师，左大司马，与"谒"、"刺"内容一致。朱然死于赤乌十二年（公元 249 年），孙权为之素服举哀。该墓纪年明确，出土随葬品丰富，尤其是彩绘漆器大量出土。

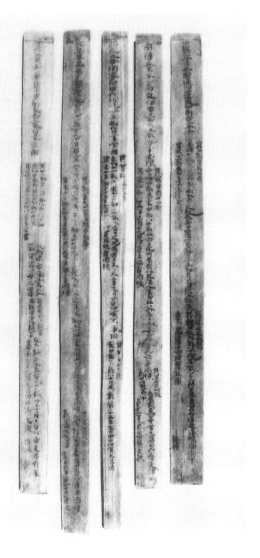

图四二　湖南长沙走马楼出土东吴简牍

如漆凭几是迄今所发现同类器物中惟一的一件实用器；犀皮黄口羽觞将犀皮漆工艺的出现年代提早了数百年；多层组合的漆砂砚、器形较大的戗金锥刻方盒盖，以及描绘了 55 个人物的宫闱宴乐图案和人物故事画的漆盘等，都是极为重要的发现。它们填补了我国汉末至六朝时期漆器工艺史的空白，为我国美术史的研究增添了新的资料，值得进行专门的探讨[20]。

最后，值得一提的是，1996 年湖南长沙走马楼出土一批三国东吴简牍，是该年重大考古发现（图四二）。这批竹简、木牍、签牌和封检等总数达十余万片，是嘉禾元年到嘉禾六年（公元 232～237 年）有关经济券书、司法文书、民籍、账簿及名刺、官刺等极其珍贵的历史资料。

注　　释

[1]《宋书·孔季恭传》卷五十四，第 1540 页，中华书局 1983 年点校本。

[2] 叶宏明、曹鹤鸣《关于我国瓷器起源的看法》，《文物》1978 年第 10 期。

[3]《我国瓷器出现时期的研究》，《硅酸盐学报》6 卷，1978 年第 3 期。

[4] 南京博物院《江苏江宁县张家山西晋墓》，《考古》1985 年第 10 期；南京市文物保管委员会《南京板桥镇石闸湖西晋墓清理简报》，《文物》1965 年第 6 期。

[5] 沈从文《中国古代服饰研究》，（香港）商务印书馆 1981 年版。

[6] 陈寅恪《隋唐制度渊源略论稿》，中华书局 1983 年版。

[7]《南史·侯景传》卷八十，第 2009 页，中华书局 1974 年点校本。

[8] 李约瑟《古代中国科学对世界的影响》，（香港）《大公报》1974 年 5 月 29 日。

[9]《晋书·食货志》卷二十六，第 795 页，中华书局 1987 年点校本。

[10]《宋书·刘秀之传》卷八十一，第 2074 页，中华书局 1974 年点校本。

[11]《宋书·何尚之传》卷六十六，第 1735 页，中华书局 1974 年点校本。

[12] 同 [11]。

［13］据《中国钱币》1992 年第 3 期载，江苏溧水发现钱币窖藏，出土大量"孝
建四铢"、"孝建二铢"不同大小的铜币，可为确证。

［14］《宋书·颜竣传》卷七十五，第 1735 页，中华书局 1974 年点校本。

［15］《南齐书·刘悛传》卷三十七，第 653 页，中华书局 1983 年点校本。

［16］《隋书·食货志》卷二十四，第 689 页，中华书局 1974 年点校本。

［17］泰州博物馆黄炳煜著文，在"南朝青瓷十系罐"中发现"六货六铢"铜币，
亦可佐证，参见《文物》1986 年第 1 期。

［18］朱偰《金陵古迹图考》第四章"萧梁代文物"，第 126 页，商务印书馆 1933
年版。

［19］以上均见《资本论》卷一。

［20］安徽省文物考古研究所《安徽马鞍山东吴朱然墓发掘简报》，《文物》1986
年第 3 期。

八 中外文化交流的见证

秦汉以来，我国和中亚、西亚、印度等地保持着密切的经济文化交流和友好联系。我国的灿烂文化，随着商旅使臣和佛教僧侣的足迹向远方传播，其他国家的文化艺术则相继传入，丰富了我国的文化宝库。现分国别和地区说明如下：

（一）与希腊、罗马、波斯、阿拉伯的关系

中国和古希腊、罗马、波斯、阿拉伯国家的来往，在汉代就已开始，当时是通过陆上的"丝绸之路"经由西域及中亚各国而达。在新疆、青海、内蒙古、陕西、河南、山西、河北等地，陆续发现许多中亚和西亚的遗物，如钱币、金银饰件、织锦、玻璃器等，说明这条陆上通道，到了魏晋南北朝时期仍旧畅通。东汉末年以及三国时期，海上交通逐渐兴起。东吴黄龙二年（公元230年）"浮海求夷州"不久，又进一步巩固了对交州（今广东广州）的统治权，开始和扶南（今柬埔寨）、林邑（今越南南方）诸国来往。交州刺史派中郎将康泰、宣化从事朱应出使南海诸国，康泰在扶南见到中天竺（今印度）的使臣，又开始了和印度的联系。他们所写的书籍如《扶南异物志》、《外国传》、《吴时外国志》等现已散失，今人仅可从《水经注》、《梁书》、《艺文类聚》、《通典》、《太平御览》诸书中看到一些。孙权黄武五年（公元226年），大秦（今意大利罗马）

商人秦伦从南海来交趾，又从交趾到建邺，一直到嘉禾三年（公元 234 年）左右始返国。我们从上述史籍可得知，吴时航行在南海上的船舶及与海洋诸国的交通情况，估计当时通过南洋诸国，与西方的往来相当频繁。南朝梁武帝中大通二年（公元 530 年）、大同元年（公元 535 年），波斯国王派遣使节，来建康访问，并且赠送佛牙，应该也是从海上远航印度洋，到达我国江南的。中东各国与中国的往来，早在公元前 1 世纪汉武帝时就有。考古实物方面，从 1915 年起在新疆发现波斯萨珊王朝银币，迄 1949 年以后，又陆续在新疆、内蒙古、陕西、青海、河北等地发现。这说明占有国际货币地位的波斯银币，已经流通到了中国，由此可以证明当时的贸易和交通的情况。关于中国和东罗马（拜占庭）帝国的往来，1953 年在西安附近隋墓中出土的一枚东罗马金币，证明文献资料所说北周时期（南北朝）河西诸郡与东罗马进行交往和贸易的情况，是相当可靠的。山西、河北北魏及北朝末期发现的鎏金铜器和银器等罗马制品，也是可靠的物证。

中国和阿拉伯的来往，最初也是从波斯人那里得知。据西方史料记载："回教祖师穆罕默得（Muhammad）亦知中国为东方大国。曾谓其弟子须往中国学习科学，……似由赛尔曼法尔西（Selmen Farsy）之介绍，或由阿拉伯沿海之波斯人得知者。当时也门诸港之民，常与波斯湾沿岸各市交易往来。而波斯湾各市，为往来印度、马来半岛及中国南方各船舶汇集之地也。"[1]所以，通过海上交通，经由南海、印度洋、波斯湾等地，魏晋南北朝时期已经建立了和阿拉伯、罗马、希腊的关系。至于它们之间是间接还是直接的来往，限于史料尚不能得出明确的结论。

（二）与印度的关系

中国和印度的来往，文献上有明确的记载。三国东吴康泰、朱应出使扶南，在那里详细了解了印度的情况，《梁书·中天竺国传》则对印度有具体介绍。东晋安帝元兴二年（公元403年），中国旅行家、佛教徒法显到印度取经，曾一直抵达笈多王朝的都城华氏城，住了三年之久。法显回国后写的《佛国记》，对印度一带的社会风俗等有详细的记录。笈多王朝和中国互有往来，宋文帝元嘉五年（公元428年），笈多王月爱遣使到达江南的建康访问，并馈赠金刚指环、摩勒金杯等珍贵礼物及赤白鹦鹉各一只。宋明帝泰始二年（公元466年），笈多王朝又派遣使节来建康访问，亦馈赠礼物。梁武帝天监二年（公元503年），中天竺王屈多派遣使节，又来建康，馈赠琉璃唾壶、刻香、古贝（草棉布）等珍贵礼物。陈宣帝太建三年（公元571年）仍有天竺使节到建康。由此可见两国关系之密切。

南北朝时期，北天竺国家和中国有着友好往来的为犍陀罗国，即今天的巴基斯坦一带。中国方面，由于佛教的发达，许多僧徒也西行求法，其中最著名的是公元5世纪初的法显。法显在贵霜王朝的乌苌国（今巴基斯坦）见到五百僧伽蓝。通过佛教徒的往来，当时丰富多彩的犍陀罗式佛教艺术传入中国，对中国的艺术产生了很大的影响。这在上文中已有论述。犍陀罗式的艺术受了希腊罗马艺术的影响，但其内容还是佛教的，所以有人称它为希腊式佛教艺术或罗马式佛教艺术，以表示具双重性的来源。但是更确切地说，还应该称之为犍陀罗艺术。

　　附带可以说明的是今天的斯里兰卡，当时称为师子国。法显取经到印度后，曾在师子国住了两年，对此亦有详细的记录。法显在师子国看到晋地（即中国）运去的绢扇，不觉思乡心切，凄然泪下。可知那时的绢扇已作为珍贵商品销到了斯里兰卡。东晋安帝义熙元年（公元405年），师子国国王遣使至江南赠送玉佛像，高四尺二寸，玉色纯洁，形制特殊，当为稀世之宝。宋文帝元嘉五年（公元428年），师子国国王刹利摩诃南又遣使至建康，赠送象牙佛像。元嘉七年（公元430年）、元嘉十二年（公元435年）及梁武帝大通元年（公元527年），该国均遣使来建康，馈赠方物。据《宋书·夷蛮列传》"师子国"条记：从印度和锡兰远涉印度洋和南海来到建康，往往"泛海三年，陆行四月"，可见是一件非常艰辛的事，但两国人民不畏险阻，长途跋涉的冒险精神，是值得称赞的。

（三）　与日本和朝鲜的关系

　　国外发现吴晋南朝的遗物，以日本为最多。日本当时已经形成国家，建立在本州中部的大和国的统治集团和九州岛上的地方统治者，都有强烈的从中国搜集工艺品的愿望。他们的墓葬中，一般都随葬有中国器物。山黎县乌居原古坟所出吴赤乌元年（公元238年）铭半圆方形带神兽镜，兵库县安仓古坟所出赤乌七年（公元244年）铭半圆方形带神兽镜，京都市上貊附近古坟所出的西晋元康纪年（公元291～299年）铭文圆形带神兽镜，以及大阪市黄金坝发现的外裹九层绢布并锈粘一枚东晋所谓"沈郎五铢"钱的铁刀等，都是比较明确的我国南方的制品。可能公元5世纪以后，因日本来中国的北方航道不通，改由南道，故此，上述日本九州等地古墓中常出土的画纹带神兽镜和画纹带画像镜，主要就是从此时开始由长江下游经海道转百济到日本，或直接抵日本的。而奈良、大阪等地古墓中发现的西方玻璃器，也是这一时期由我国南方传入的。从我国南方去日本的路线，可能还有一条自当时的会稽郡东冶县（即今福建福州一带）入海，经台湾（古称夷州）、琉球，抵九州南部的种子岛（古称亶洲）而达南九州。这条路线，即《吴书·孙权传》所记的"会稽东（冶）县人海行，亦有遭风流移至亶洲"和黄龙二年（公元230年）孙权派人"求夷州及亶洲"的路线。这从近来的种子岛广田遗址上层发现刻有隶书"山"字的贝片可以得到证实。另外，九州中部熊本县和九州东海岸的日向一带古墓中发现的各种纹饰的铜镜和透雕的金饰件也都是由这条路线输入的。和上述我国南方器物传来的同时，南方的制陶、缝衣等工匠也到了日本。据日本文献记载，近年日本考古发现了一些具有我国南方风格的陶器（如钟形器、五联罐、盘口壶和似虎子一类的陶器）。在这些古墓周围的埴轮陶俑，其服饰和我国南朝陶俑相同，均着盔帽袴褶（男），梳横髻着长裙（女）。这一切提示我们，隋唐时期中日两国频繁的使节往来和大规模的文化交流，是有其悠久的历史渊源的。

1984年朱然墓的出土物为中日国际关系史的研究，增添了新的资料。日本至今仍在广泛使用的饭盒、木屐、漆凭几和名片，过去一直认为是隋唐以后才从中国传过去的，但朱然墓出土的这些器物，与日本当今使用的更为相似。因此可以说"它们的根源似乎与1700年前中国三国时代的吴国相联结着"[2]。

不仅是中国汉字对日本文字有重要影响，中国的书法也对日本书法有着极大的影响。被誉为"书圣"的东晋时期王羲之的书法，在隋唐时期传入日本[3]。日本早期"书道"称"入木"或"入木之道"，是由王羲之"把墨痕留在木版上"的传说而引申出的。日本大阪教育大学名誉教授冈华邨甚至认为日本假名的各体（包括平假名和片假名），都是在中国王羲之书法的基础上产生的。

东吴时期，中国即与朝鲜半岛有往来。孙权嘉禾二年（公元 233 年）遣使达高句丽，互赠礼品[4]。不仅是半岛北部，而且朝鲜半岛南部的百济和中国南朝亦有过频繁的往来。梁武帝大同七年（公元 541 年），百济使者返国不仅带回涅槃经和毛诗博士，而且还有工匠和画师。萧梁的中国画师在朝鲜的活动虽已无考，但从今天所发现的朝鲜古墓壁画看，有许多画风和南朝相似。朝鲜东海岸百济旧部的公州曾出土一些花纹砖，和南京出土齐梁时代砖上的莲花、缠枝纹等风格相同。这时亦正是凸凹花盛行的时代。不管各国朝代怎样更替，许多艺术风格和表现手法却并没有因此而改变，相反是相互影响和来往传播不断。1949 年在朝鲜发现的冬寿墓，其纪年为永和十三年，亦即东晋升平元年（公元 357 年）。冬寿于东晋咸康二年（公元 336 年）去高句丽，在安岳住了二十二年。当时东晋政府为了牵制前燕，拜冬寿为侯，"使持节都督军事、平东将军、护抚夷校尉"，因此，他可能是带了一批人去朝鲜的。冬寿墓中所绘的壁画和高句丽时代在朝鲜其他地方所发现的古墓壁画一样，均有着浓厚的南朝风格，极似顾恺之所绘的《洛神赋图》，纹饰和南朝墓壁画中所绘的装饰纹相同。

朝鲜忠济南道公州郡宗山里古坟出土的"梁官瓦为师矣"

铭文的莲花纹砖，说明当时百济引进南朝工匠及其工艺技术的事实。1971 年发现百济王余隆"武宁王"墓。它的墓室结构、形制和出土器物与中国南朝陵墓及出土器物十分相似。其墓志所书"宁东大将军"官职，正是梁朝所册封。出土的瓷器和铜镜与中国的一模一样，亦是从南朝输入。其墓前石雕神兽也和南朝镇墓兽十分相似。我国学者进一步认为武宁王墓出土的"七子镜"，其形制与南朝铜镜同，并与梁简文帝诗中所云："形同七子镜"记载相合，亦应是从中国输入。日本发现古坟时代的须惠器（一种陶质器皿）虽是从百济传入，但其渊源在中国。须惠器上的"子持壶"，与吴墓出土的陶五联罐也十分相似。所以，六朝时期中日往来，除海上直接交通外，还有从陆路经朝鲜而至日本的另一通道。

（四）与其他地区和国家的关系

六朝时期和国外的来往，除陆路外，海路也不断发展。因此接触的范围比东汉时期显然要广。当时在陆路方面，西晋武帝在太康六年（公元 285 年）派遣杨颢出使大宛，赠与大宛国王蓝庚以大宛王的尊号。其子摩之继位，亦派遣使节到西晋京城洛阳，馈赠汉血马。

在海路方面，占婆国（今越南中南部）和东吴、两晋、南朝疆境相接，常有往来。其国王先后二十多次（从东吴到陈宣帝时）派遣使节来我国京城访问，并馈赠金银器、香、布等物，东晋、南朝则回赠了很多珍贵礼品。上文所说东吴黄武五年到黄龙三年（公元 226～231 年），康泰和朱应曾出使扶南。赤乌六年（公元 243 年），扶南王范旃遣使来东吴，带来乐人及方物。自后西晋武帝泰始四年（公元 268 年）起，到陈后主祯明二年（公元 588 年）止，该国有二十多次遣使来我国访问。扶南赠送东晋、南朝的方物有象牙佛像、珊瑚佛像、犀牛、驯象、火齐珠、璃琩盘、玻璃器、郁金、苏合香、婆罗树叶、古贝等，东晋南朝政府也回赠了珍贵的丝织品，如绛紫地黄碧绿纹绫等。狼牙修国（今泰国南部马来半岛的北大年 Pattani 附近），是当时东南亚地区东西贸易往来之要地。梁武帝天监十四年（公元 515 年）、普通四年（公元 523 年）、中大通三年（公元 531 年），狼牙修国王三次遣使至建康访问，并馈赠方物。婆皇国（据考在今马来西亚境内马来半岛上的彭亨），在宋文帝元嘉十九年（公元 442 年）至明帝泰始二年（公元 466 年）间，曾七次派遣使节来建康访问，并馈赠礼物。丹丹国（据考在今马来西亚半岛南部的吉兰丹），于梁武帝中大通三年至陈后主至德二年（公元 584 年）间，曾六次遣使来建康访问，并馈赠金银、琉璃杂宝、火齐珠、古贝、香、药等等。在太建三年（公元 571 年）一年中，就六次派遣使团到达中国。婆婆国（今马来西亚的加里曼丹北部沙劳越或沙巴和文莱境内），在宋文帝元嘉年间（公元 424～453 年）至陈后主至德二年间，先后近十次派遣使节来建康访问，并馈赠沉香、檀香、詹糖、菩提树叶等方物。诃罗单国（今爪哇岛），于宋文帝元嘉七年（公元 430 年）遣使来建康，赠送金刚指环、天竺国白叠、古贝、叶波国古贝、赤鹦鹉等珍贵礼物。元嘉七年至元嘉二十九年（公元 452 年），又四次遣使来建康访问，并馈赠方物。干陀利国（今印度尼西亚苏门答腊岛上的巨港），在宋孝武帝孝建二年（公元 455 年）至陈文帝天嘉四年（公元 563 年）间五次遣使至建康访问，并且馈赠金银宝器、玉盘、金芙蓉、杂香药等珍贵礼物。南朝皇帝也回赠许多礼物。波利国（今印度尼西亚马厘岛），宋后废帝元徽元年（公元473年），其国王遣使来宋访问，并馈赠方物。梁武帝天监十六年（公元517年）、普通三年（公元522年）又先后遣使到达建康，馈赠兜鍪（盔）、琉璃器、古贝、螺杯、杂香药等方物数十种，而梁王朝也答以厚礼。

以上这些国家和地区与我国交往的记录，主要是历史文献所记，尚没有发现实物资料。不过，对照前述各国中已发现的中国文物的情况，这些历史文献记载还是比较可信的。

（五）玻璃和金刚石指环

这是两种特有的进口器物，玻璃尤其重要。它影响到隋唐直至明清的人民生活，值得向读者介绍。在魏晋南北朝墓葬中，琉璃及玻璃也和金银器一样，是比较珍贵的遗物，多发现于一些大、中型墓，即皇室陵墓和世家大族墓中。由于这类器物容易破碎，看到完整的很少，我们初步认定，它们大部分也是装饰品，少量是日用器皿。

在讲述这个问题前，由于古代玻璃和琉璃往往分不清楚，因此需要略加说明。

古代玻璃称"颇璃"（《太平御览·玄中记》）、"玻黎"（《旧唐书·拂林传》）、"颇黎"、"颇梨"、"颇瓈"（《本草纲目》）等，和琉璃这个名词原本为一物，皆出于梵文。古佛经中常述及，所谓"颇胝"（Poti），即梵文"塞颇胝加"或"窣玻致加"（Sphatika）的译音。此字原为石英之意，亦说明玻璃内含石英的成分。而琉璃则称碧玻璃或番玻璃，即梵文"梵蒂那耶"

（Vatidnrya）的译音。所以它们都是玻璃，不过一是有色，一是无色，而俗称料器者，实是有色玻璃的世俗之称。真正的琉璃，实际上是一种以铅硝为助熔剂烧成的似玻璃釉色的陶器，把铅釉用到陶器上，而后用在建筑上，所以琉璃只是砖瓦建筑陶器上所施的彩色釉，以及后来铜器上涂的珐琅质和瓷器的玻璃质釉装饰的总称。对把玻璃釉的陶瓷器当作玻璃看待，或把玉石、水晶当作玻璃看待的，均应加以区别。

1972 年和 1973 年江苏南京象山东晋王氏家族 7 号墓和南京大学北园东晋墓发掘出土的刻纹玻璃杯及其碎片，引起了人们的注意。王氏墓玻璃杯口径 9.4、底径 2.5、高 10.9、壁厚 0.5～0.9 厘米[5]。南京大学北园墓玻璃杯口径约 10、壁厚 0.1 厘米[6]。1981 年在南京中央门外一座东晋大墓中又发现一些彩色玻璃碎片[7]。王氏墓出土的两件玻璃杯及北园东晋墓出土的一件玻璃杯均呈白色（略带黄绿色），较透明，其中有气泡。它们皆为圆口圜底，口稍外侈，沿外下刻弦纹一圈或两圈，上下均有对称的直瓣花纹。1979 年，希腊考古代表团来南京，曾见到此物。其团长帖撒罗尼加博物馆馆长凯萨德·罗米波芦认为，这些玻璃器与希腊所发现的罗马时期玻璃器是一样的，可以认为是从西方传来，当是确凿的玻璃器无疑。1983 年，土耳其伊兹美尔博物馆馆长菲克雷特·佩克看了王氏墓出土的玻璃杯以后，也认为和土耳其发现的罗马时期玻璃器是一样的。1948 年河北景县封氏墓群中北魏祖氏墓出土的网纹玻璃杯，与叙利亚、伊朗等地出土的古代玻璃器相比，器物造型和花纹装饰都很接近[8]。清华大学工程物理系对它作了 X 光射线荧光定性分析，结果表明，玻璃杯质地中以硅（Si）、钙（Ca）元素为主，氯（Cl）、钾（K）元素较多，还含微量锰、铁、铜、锶、银、铟等元素，无铅。因此属钾钠玻璃制品（此次分析不能表现钠元素），是约公元5世纪时从东罗马或波斯输入我国的[9]。上述王氏墓和北园东晋墓玻璃杯因较完整，数量又少，不能作切片分析，但其残片和中央门外墓中所出的彩色玻璃，据南京地质矿产研究所和北京建筑材料研究所的化学成分分析结果，与古罗马、古埃及及玻璃化学成分接近，为钠钙（$Na_2O - CaO - SiO_2$）玻璃系统，应属舶来品。现将上述玻璃检验与化学分析结果列表如下：

表七　　　　　　　中国早期玻璃检验报告

名　　称	SiO_2	Al_2O_3	CaO	Na_2O	K_2O	MgO	Fe_2O_3	MnO_2	CuO	PbO	Sb_2O_3
东晋玻璃杯残片（南京大学）	69.39	1.89	6.81	19.60	0.49	0.27	—	—	—	—	0.29
南京北郊东晋王氏墓玻璃杯残片	67.70	3.43	6.05	19.23	0.45	0.94	0.58	1.63	0.02	—	—
中央门外出土的玻璃碎粒	69.15	2.09	5.79	15.84	0.33	0.55	1.22	0.03	0.27	—	—

名　　称	密　　度（克/厘米³）	类　　别
东晋玻璃碎粒（同上）	2.475	钠钙玻璃

注：建筑材料研究所等《中国早期玻璃检验报告》，《考古学报》1984年第4期。

南京有四座东晋墓出土了玻璃器：（1）象山王氏墓出土两件玻璃杯（图四三）；（2）南京大学北园东晋墓出土一件玻璃杯；（3）中央门外大墓出土浅黄绿色玻璃碎片；（4）石门坎墓出土彩色玻璃碎片[10]。最近有人对这批东晋墓出土的玻璃器进行了研究，认为它们有椭圆形纹饰，并采用磨琢工艺，玻璃

图四三　江苏南京象山东晋王氏家族 7 号墓出土刻纹玻璃杯

成分与其他中国玻璃又有明显不同，应是典型的罗马玻璃。根据分析（见表七），它们的主要成分硅、钠、钙、铁、钾、镁含量均很低，说明原材料经过精选。因其中含微量锰（MnO_2）为脱色剂和澄清剂，故知工艺水平较高。且它们的成分和德国科隆公元 4 世纪墓出土的罗马玻璃也是相同的。同时，从其类似罗马常见的筒形和磨花玻璃器皿的形制看，又是中国所没有的。中国直到隋代始有高铅玻璃取代铅钡玻璃，钠钙玻璃器皿也直到隋代才开始出现[11]。

　　琉璃器在六朝墓中大部分是一些琉璃小珠（俗称料珠），一般呈椭圆形，淡黄色，不透明，两端有对穿孔，多与其他珠类（如水晶、玛瑙、琥珀等）共存，当亦为装饰用品。有的可能就是"步摇"之类发饰的饰件，也有的可能是衣饰，多与金银器饰件共出。

　　西方学者认为，玻璃和琉璃在西方是同时发明的，但中国早期（汉代以前）仅见琉璃器，而未见玻璃器。另外，根据我国文献资料，似也说明玻璃之制法，最早来自西方。如葛洪《抱朴子·内篇》曰："外国作水精碗，实是合五种灰作之，今交广多有得其法而铸之者。"段成式《酉阳杂俎·广知篇》记："琉璃马瑙，先以自然灰煮之，……自然灰生南海。"可知它们虽说是水精（晶）、琉璃，其实都是玻璃的制法，并说明此法系自海外传入。《南史》记大秦国曾遣使呈各种琉璃由海道至宋都南京，数年后一琉璃工人来，炼石为水晶，并传其术。宋赵汝适《诸蕃志》云："大秦国……土产玻璃。""玻璃、琉璃出大食诸国"。这和西方学者的看法是一致的。

上述史料说明，汉代以后，从中国到印度的航道已经开辟，大秦、天竺国等国的商人，远涉重洋，经由交趾（越南）从海道来中国贸易，亦带来了玻璃等商品。其中最远的大秦，在西晋太康中（公元 280～290 年）即遣使来中国。印度笈多王朝旃陀罗笈多二世，于刘宋元嘉五年（公元 428 年），亦遣使致书宋文帝，"愿两国信使往来不绝"。由此可知，当时对外来往之频繁。正由于玻璃等商品制作和来之不易，只有少数皇家、贵族、官僚家庭才可以使用。《晋书·崔洪传》和《世说新语》"汰侈篇"、"言语篇"、"纰漏篇"中所列举的玻璃钟、玻璃碗、玻璃屏等，都是少数帝王贵族家庭宴饮、装饰的贵重用品，与金器并重。直至唐代，一件来自印度的碧波玻璃镜，尚价值达百万贯，"倾府库偿之不足"。这些贵重的玻璃器来自国外，价值连城，故此仅出自少数豪门贵族的墓葬中，数量甚少。

《三国志》卷三十引《魏略·西戎传》记："大秦国多金银铜铁……珊瑚，赤白黑绿黄青绀缥红紫十种流离（即玻璃）。"

南北朝时期，梁天监初（公元502年左右）天竺王屈多遣长史竺罗达奉表曰："……今奉献琉璃唾壶、杂香、吉贝（棉花）等物"。按天竺即印度，屈多王即笈多（Gupta）皇帝。此玻璃唾壶怀疑即玻璃杯，器形可能与南京王氏墓等所出土的直桶形圆口圜底状者同，可能是自东罗马输入印度再转至中国的。当时我国与西方海道所取航路及贸易商品的来源，应以从印度来者为最多。前汉时期，与西方交通的航道以印度为最远。汉武帝平定南方，在今广东一带设珠崖、儋耳诸郡，并曾遣使往访海南、都元国、邑庐没国、谌齐国、夫甘都虚国、黄支国、皮宋国、已程不国，"市明珠壁琉璃，奇石异物"。这些国家，据向达考证，黄支一国，已确知是印度东岸的Kanchipura，即后来唐玄奘所记的建志补罗国。到了魏晋南北朝时期，海上交通更为发展，有一段史料值得引起我们注意。《宋书·夷蛮列传》说："晋氏南移，河陇复隔，戎夷梗路，外域天断。若夫大秦、天竺，迥出西溟，二汉衔役，特艰斯路，而商货所资，或出交部，汎海陵波，因风远至。……山琛水宝，由兹自出，通犀翠羽之珍，蛇珠火布之异，千名万品，并世主之所虚心，故舟舶继路，商使交属。"这说明自东晋以后，我国南方与西方陆路交通中断，故主要依靠海上的贸易。不仅如此，还有下列史料为证。《晋书·苻坚载记》云："晋孝武太元六年（公元381年）天竺国献火浣布于苻坚。"《拾遗记·晋时事》记："太康元年（公元280年）因墀国献五足兽，……太始十年（公元274年）有浮支国献望舒草。"因墀国即印度（India）的别译，浮支国亦佛国之别称。《梁书》、《南史》记：晋安帝义熙初（公元405年左右），师子国（锡兰）来献玉象，中国僧人法显往印度。《南齐书·荀伯玉传》云："世祖（齐武帝）在东宫，……

任左右张景真,……(景真)又度丝锦与昆仑舶营货,辄使传今防送过南川津。"南朝时,南洋、马来亚一带称昆仑。《梁书·王僧孺传》:天监初(公元 502 年左右)"寻出为南海太守。郡常有高凉生口,及海舶每岁数至,外国贾人以通货易。旧时州郡以半价就市,又买而即卖,其利数倍,历政以为常"。当时昆仑舶可一直到都城建康,可知商业之繁荣。《梁书·海南诸国传》曰:"海南诸国,大抵在交州及西南大海州上,相去近者三五千里,远者二三万里。其西与西域诸国接。……后汉桓帝世,大秦、天竺皆由此道遣使贡献。"《南史》记:南朝时候,马来半岛的丹丹、盘盘、狼牙修等国,亦曾多次遣使来华,赠送象牙、火齐珠、吉贝、琉璃、沉檀香等礼品。佛教东传,僧侣随之频繁交往,医药、艺术、制玻璃的技术等亦传入中国,东晋法显所写的《佛国记》中就留下了很多宝贵的记录。海上贸易到了唐代,据《新唐书》记,已到达泥婆罗(今尼泊尔)。由于尼泊尔与印度毗邻,其君"服珠、颇黎、车渠、珊瑚",亦说明当时玻璃传播之广。

今天西方学者还有一种看法,认为中国的玻璃在中国艺术和中国人生活中的作用并不那么重要,中国既不是玻璃领域的先驱,也不是它的中心。他们认为,东方的玻璃历史表明,中国过去是一个宝石社会、青铜社会、漆器社会,而且一直是一个陶瓷器社会,但却从来不是一个玻璃社会。故此在后汉时期玻璃被视为远方的舶来品而予以珍藏。这种习俗到了魏晋南北朝时期仍未改变。

我们知道琉璃和玻璃的成分有 SiO_2、Al_2O_3、Fe_2O_3、CaO、K_2O、Na_2O 等,也是陶釉、瓷釉的基本化学成分。其中最主要的成分二氧化硅(SiO_2),在我国古代陶瓷釉中的含量和古埃及、巴比伦、古罗马玻璃中的含量，几乎是相同的，所不同的是氧化铝（Al_2O_3）的含量。我国古代的陶、瓷釉比古埃及、巴比伦、古罗马玻璃的含量高出 10％以上，这是因为氧化铝能增加釉对坯体的附着作用。同时，古埃及、巴比伦、古罗马玻璃中所含氧化钠（Na_2O）成分高达 15％以上，而氧化钙（CaO）的平均比例是 7％左右。我国古代陶瓷釉中氧化钙含量达 15％以上，氧化钠的含量却不及 1％，这是很大的不同。以此标准来对照已作鉴定的汉代和六朝的彩色玻璃化学成分，可知它们都是进口的玻璃。据现在的研究，我国古代玻璃是以铅（方铅矿、白铅矿、铅丹）为主要助熔剂的铅玻璃，而古代西方则生产以天然纯碱或以含有碳酸钾、碳酸钠的草木灰为主要助熔剂的钾钠玻璃。这种玻璃可耐高温和低寒，不会破裂，而到我国南宋时期，似尚不能自主生产。

　　根据化学结构的分析，把陶釉、瓷釉称之为玻璃体，完全是合乎科学原理的。但是玻璃体并不是玻璃，从玻璃体发展到玻璃的制造，还需要一个过程。只有玻璃体独立成器时，才能称得上是玻璃的出现。而玻璃也有它自己的特点，即如上述以 SiO_2、Na_2O、CaO、K_2O 等为基本原料，经过高温熔化而成为表面光滑透明或半透明状，有色或无色，质坚而脆，并按实际用途被制成的各种器物。

　　魏晋南北朝时期，中国是否自己也能生产玻璃？回答是可能的。如《魏书·西域传》"大月氏"条记："世祖时，其国人商贩京师，自云能铸石为五色琉璃，于是采矿山中，于京师铸之，既成，光泽乃美于西方来者……"此琉璃是否玻璃，值得考虑。不过《诸蕃志》说："琉璃出大食诸国，烧炼之法与中国同。……大食则添入南鹏砂，故滋润不烈，最耐寒暑，宿水不坏，以此贵重于中国。"大鹏砂，可能是石英一类的物质，今有人认为就是硼砂（$Na_2B_4O_7 \cdot 10H_2O$），具有玻璃光泽，是制造玻璃的原料。这一记载，据斯·伯林（S. Pling）考《前汉书》：因当时大秦由海陆两路与中国通商，其输入物中的琉璃是玻璃，应来自大秦（古罗马），其中也有彩色者，并认为当时埃及亚历山大府是玻璃工艺中心，所制玻璃有半透明的红、白色者，有似莹石、青玉或风信子者，有似黑耀石之黑色玻璃之杯、碗者，种类甚多。透明者有蓝、绿、黄、紫、棕、红诸色，不透明者有白、黑、红、蓝、黄、绿、橙者诸色，其中最贵重的是似石英般纯白玻璃。这一考证，大致说明了当时为什么以白色者称玻璃，彩色者称琉璃的原因，而同时又说明了西

图四四　辽宁北票北燕冯素弗墓出土鸭形玻璃水注

方玻璃珍贵，白色玻璃可能大都是从西方输入的原因。1964年河北定县塔基北魏太和五年（公元481年）石函中发现的玻璃器，1965年辽宁北票北燕冯素弗墓出土的吹玻璃制品（图四四），据推测可能都是西方的制品。但1949年以后，在各地出

图四五 江苏南京象山东晋王氏家族7号墓出土金刚石指环

土的许多玻璃制品，有用铅玻璃制成的。1984年，在北京举行的国际玻璃学术讨论会上，与会者认为，世界上不同产地的铅矿都有不同的铅同位素比值。中国战国和两汉时期玻璃所含的铅同位素比值（未提六朝时期的玻璃）说明，这类铅矿只有中国才有。因此，早在战国时期已有可能制造中国特有的铅玻璃。这一点可供我们参考。

南京象山王氏家族7号墓发现一粒金刚石镶嵌在一枚金指环上，与玻璃杯同出。环作扁圆形，素面无纹，直径2.2厘米（图四五）。指环上有方斗状孔，长宽各4毫米，内嵌金刚石一粒，作八面体，锥体尖端向外，直径1毫米。当时能把非常坚硬的金刚石固定在金环上的束腰形方斗内，这种焊接与满布金饰上的粟状小金粒的方法一样，是一种特种工艺。

金刚石在美洲、南非未发现前，只产于锡兰（今斯里兰卡、波斯、印度一带。夏鼐曾说："金刚石名词在东汉晚期的佛经译文中已经见到。"《太平御览》卷八百一十三引《晋起居注》记："咸宁三年（公元277年），敦煌上送金刚，……可以切玉，出天竺。"说明金刚石来自印度。《宋书·夷蛮传》记："呵罗单国，治阇婆州。元嘉七年（公元430年）遣使献金刚指环，赤鹦鹉鸟……。"《南史·西南夷传》又记："天竺，迦毗黎国，元嘉五年（公元 428 年），国王月爱遣使奉表，献金刚指环、摩勒金环诸宝物，赤白鹦鹉各一头。"考天竺迦毗黎国，即玄奘《西域记》中所说的劫比罗伐窣堵国，又作迦罗卫国。法显《佛国记》作迦维罗卫城，即 Kapilavastu。国王月爱即笈多王朝之旃陀罗笈二世（Chandragupta），为印度之国名和王朝名。由于金刚石极硬，往往可以用以刻玉。《元中记》云："金刚出天竺、大秦国，一名削玉刀，削玉如铁刀削木，大者长尺许，小者如稻米。欲刻玉时，当作大金环著手指间，开其背如月，以割玉刀内环中，以刻玉。"南京王氏墓出土金刚石指环，素面无纹，镶在金环上的金刚石稍突出于四方形斗状方孔的平面，很可能是作削玉之用。这类记载尚不止一处。《旧唐书·西戎传》记：中天竺"有金刚，似紫石英，百炼不销，可以切玉。……故其宝物或至扶南、交趾贸易焉"。《本草纲目》亦引《元中记》云："大秦国出金刚，一名削玉刀。……著环中，可以刻玉。观此，则金刚有甚大者，番僧以充佛牙是也。"

当时，南海和西方各国与中国贸易，常先到交趾，然后北上。故南朝各代，和苏门答腊及爪哇岛上的阿罗单、阇婆婆达、干陀利等国，经常遣使往来，并赠送金刚指环、玉盘和各种香料及赤白鹦鹉等礼品。这些文字于史书屡见不鲜，可说明当时金刚石产自印度等地，来自南海，和玻璃器一样由贸易商人或作为贡品输入中国。关于这一点，文献资料和实物资料是一致的。

注　释

［1］张星烺《中西交通史料汇编》第 3 册，中华书局 1978 年版。

［2］引日本《读卖新闻》驻北京特派员松本成太郎语，见《海交史研究》1990 年第 2 期。

［3］《扶桑记略》云："天平胜宝六年（公元 754 年）正月十六，鉴真和尚到竹志太宰府，……王右车真迹一帖"（此真迹可能是唐人摹本）。

［4］《三国志·吴书·孙权传》曰：嘉禾二年权遣中使秦旦等至辽东，"得达句骊，因宣诏于句骊王宫"，"其年，宫遣皂衣二十五人送旦等还，奉表称臣"。

［5］南京市博物馆《南京象山 5 号、6 号、7 号墓清理简报》，《文物》1972 年第 11 期。

［6］南京大学历史系考古组《南京大学北园东晋墓》，《文物》1973 年第 4 期。

［7］南京市博物馆《南京北郊东晋墓发掘简报》，《考古》1983 年第 4 期。

［8］范世民、周宝中《网纹玻璃杯考略》图三，《文物》1982 年第 8 期。

［9］同［8］。

［10］李鉴昭等《南京石门坎乡六朝墓清理记》，《考古通讯》1958 年第 9 期。原著者认为玻璃器碎片可能是近代遗物，应有误。

［11］安家瑶《中国早期玻璃器皿》，《考古学报》1984 年第 4 期。

九 主要研究成果

魏晋南北朝考古由于具有中国历史中世纪的一些特点，在实物资料上又有充分反映，因而有条件对其进行不同程度的探讨。如当时城址布局的初步复原；墓葬分区、分期和类型的探讨，尤其是世家大族墓的普遍发现，其特点则更为突出；南方青瓷手工业遗址的调查和发掘；佛教石窟的分期和序列；边境少数民族与汉族文化的关系等等。迄今为止，我们认为本历史阶段文物考古工作研究的成果，主要表现在以下几个方面：

（1）城址

中原地区发现的魏晋南北朝城址有曹魏邺城遗址、北魏洛阳城遗址和东魏、北齐邺南城遗址。从它们的分区布局可知，当时都城人口集中和工商业发达等时代特点十分突出。南方地区的吴建邺城和东晋、南朝建康城，由于地面遗存不明显，印证文献可略知其建城范围。今湖北鄂城发现的孙吴古武昌城，其布局与建康城近似，体现了南方城址依山傍水，根据自然形势建城的特点。但其城内布局与北方城址相同，说明这一时期城市建设已纳入轨制，人口相对集中，布局更着重于防御。无论南北城址，城内都有大量佛寺及其遗物发现，反映当时佛教之兴盛。北方地区陆续发现的北魏迁都前城址、大夏吐谷浑城址、拓跋鲜卑族遗迹、慕容鲜卑族遗迹，西北地区发现的鄯善遗迹、龟兹遗迹等，东北地区发现高句丽时代兴建的卫护都城的山城，以及平原地带的国内城遗址等，其内涵分布、结构布局都具有浓郁的地区特点和民族特点，反映了这一时期边境地区的各少数民族正趋向于与汉民族融合。

（2）窑址

主要是发现于江浙一带斜坡形烘烧青瓷的龙窑窑址。它们保存完好，反映了制造瓷器工艺技术上的一大进步。北方瓷器尽管在制造工艺方面与南方迥然而异，但迄今尚未能确定烧造地点和窑炉结构。20 世纪对瓷器的研究，结合科学分析与测定，令人可喜地得到有说服力的结论，说明中国瓷器史的发展，在此时已进入一个完成与开始繁荣的阶段。

（3）石窟寺与佛教遗存

我国北方地区的石窟寺创始时间早，分布数量多，是研究佛教艺术和雕塑艺术的宝贵资料。其中新疆地区为我国石窟寺艺术起源的重点地区。甘肃敦煌莫高窟、山西云冈石窟和河南龙门石窟三大石窟，举世闻名。南方地区由于自然条件限制，石窟寺数量较少，时间也晚，并表现出异于北方的结构布局和雕塑手法等特点。目前对石窟寺和石窟艺术的研究，已成专门学科，如敦煌学的研究，世界瞩目。对石窟寺研究的深化，已由年代分期、题材风格的探讨，进一步发展为分析石窟寺艺术的产生，不同石窟寺间的关系与影响，以及它们所反映佛教各种宗派的特点等等方面，甚至与石窟寺有关的古城建筑和石窟寺中发现的各种文书的专门研究，也正在蓬勃开展，方兴未艾。与石窟寺相关的佛教遗存，如一些著名佛寺的调查、发掘，佛教造像的出土，在全国都有新的发现，更丰富了此一时期研究领域的内容。

（4）帝王陵墓和世家大族墓

帝王陵墓迄今发现重点在洛阳和南京附近地区，其他地点也有少量发现。这些帝陵的埋葬规律和结构布局，已有专门的研究报告。它们的地面建筑和地下墓室虽具汉代传统，但因同时融合了西方的一些雕塑手法，形成了一种独特的风格。魏晋南北朝时期，士族门阀制度盛行，因此，墓葬中世家大族墓占突出地位。当时的士族等级森严，这在墓葬中也得到反映。具有代表性的有江苏南京象山王氏墓群、老虎山颜氏墓群、雨花台和铁心桥谢氏墓群及宜兴周氏墓群等。

（5）中外文化交流

在汉代开辟的陆上对外往来通道的基础上，此时除了河西走廊的"丝绸之路"外，还出现了我们今天所知道的北方草原之路、青海的"吐谷浑之路"和东晋南朝各代都很重视的"海上之路"。这些通道的开辟，体现了此期中外交通和经济、文化交流的新发展和新面貌。在中国境内发现的东罗马、中亚与西亚的遗物，如货币、饰物、金银器、织锦、玻璃器等，还有今天在东亚、东南亚、中亚和西亚等地发现的中国铜镜、瓷器等遗物，有力地说明了这一点。目前，对当时中外文化交流的各类器物，已有专门的研究论著发表。

总之，20世纪的魏晋南北朝考古如实地反映了历史，说明这一阶段是汉唐两大时代的过渡时期，地方特点突出，民族融合显著，社会经济重心逐渐南移，阶级矛盾紧张尖锐，但其意识形态和文化生活却是丰富多彩的。

参 考 文 献

1. 唐许嵩《建康实录》，中华书局 1986 年版。

2. 宋张敦颐《六朝事迹编类》，南京出版社 1989 年版。

3. 中国科学院考古研究所《新中国的考古收获》，文物出版社 1961 年版。

4. 中国科学院考古研究所《新中国的考古发现和研究》，文物出版社 1984 年版。

5. 文物编辑委员会《文物考古工作三十年》（1949～1979），文物出版社 1979 年版。

6. 文物编辑委员会《文物考古工作十年》（1979～1989），文物出版社 1991 年版。

7.《中国大百科全书·考古学》，大百科全书出版社 1986 年版。

8.《中国大百科全书·文物博物馆》，大百科全书出版社 1995 年版。

9. 北京大学历史系考古教研室《三国—宋元考古》（讲义），1974 年版。

10. 王仲荦《魏晋南北朝史》(上、下册)，上海人民出版社 1979 年版。

11. 南京博物院、中国历史博物馆《魏晋南北朝文化》，上海学林出版社 2000 年版。

12. 宿白《南京龛像遗迹初探》，《考古学报》1989 年 4 期。

13. 周仁、李家治《中国历代名窑陶瓷工艺的初步科学总结》，《考古学报》1960 年 1 期。

14. 王去非等《南京出土六朝墓志综考》，《考古》1990 年 10 期。

15. 罗宗真《六朝考古》，南京大学出版社 1994 年版。

图书在版编目（CIP）数据

魏晋南北朝考古/罗宗真著．－北京：文物出版社，2001.6

（2023.1重印）

（20世纪中国文物考古发现与研究丛书/张文彬主编）

ISBN 978-7-5010-1240-4

Ⅰ.魏… Ⅱ.①罗… Ⅲ.①考古-研究-中国-魏晋

南北朝时代　Ⅳ.①K871.42

中国版本图书馆CIP数据核字（2014）第257998号

20世纪中国文物考古发现与研究丛书

魏晋南北朝考古

著　　者　罗宗真

封面设计　张希广
责任印制　张　丽
责任编辑　吕　游
出版发行　文物出版社
社　　址　北京市东城区东直门内北小街2号楼
网　　址　http：//www.wenwu.com
经　　销　新华书店
制版印刷　河北鹏润印刷有限公司
开　　本　850mm×1168mm　　1/32
印　　张　8.25
插　　页　1
版　　次　2001年6月第1版
印　　次　2023年1月第7次印刷
书　　号　ISBN 978-7-5010-1240-4
定　　价　38.00元